本书为教育部人文社会科学研究专项任务项目（中国特色社会主义理论体系研究）
"软实力视域下中华优秀传统文化的国际传播战略研究"
（项目编号：17JD710066）的研究成果

软实力视域下
中华优秀传统文化的
国际传播路径研究

王前锋 著

吉林大学出版社
·长春·

图书在版编目（CIP）数据

软实力视域下中华优秀传统文化的国际传播路径研究/
王前锋著. -- 长春：吉林大学出版社，2025.04
ISBN 978-7-5768-2744-6

Ⅰ．①软… Ⅱ．①王… Ⅲ．①中华文化－文化传播－
研究 Ⅳ．①G125

中国国家版本馆CIP数据核字(2023)第240296号

书　　名：软实力视域下中华优秀传统文化的国际传播路径研究
RUANSHILI SHIYU XIA ZHONGHUA YOUXIU CHUANTONG WENHUA DE
GUOJI CHUANBO LUJING YANJIU

作　　者：王前锋
策划编辑：高珊珊
责任编辑：高珊珊
责任校对：单海霞
装帧设计：李　宇
出版发行：吉林大学出版社
社　　址：长春市人民大街4059号
邮政编码：130021
发行电话：0431-89580036/58
网　　址：http://www.jlup.com.cn
电子邮箱：jldxcbs@sina.com
印　　刷：文畅阁印刷有限公司
开　　本：787mm×1092mm　1/16
印　　张：10.25
字　　数：200千字
版　　次：2025年4月　第1版
印　　次：2025年4月　第1次
书　　号：ISBN 978-7-5768-2744-6
定　　价：68.00元

前　言

党的二十大报告明确指出："增强中华文明传播力影响力。坚守中华文化立场，提炼展示中华文明的精神标识和文化精髓，加快构建中国话语和中国叙事体系，讲好中国故事、传播好中国声音，展现可信、可爱、可敬的中国形象。加强国际传播能力建设，全面提升国际传播效能，形成同我国综合国力和国际地位相匹配的国际话语权。深化文明交流互鉴，推动中华文化更好走向世界。"

因此，新时代我国要不断增强中华文明传播的影响力，提升国家软实力，在具体实践中，"一带一路"倡议、"构建人类命运共同体"理念的推广已经成为提升国家软实力的重要抓手。这些充满中国智慧的倡议和理念，深深根植于中华优秀传统文化的沃土之中。中华优秀传统文化蕴含着十分丰富的智慧，塑造了中华民族的精神品格，是中国文化自信的根本所在，亦是中国软实力的重要基础所在，"讲好中国故事"重要的内容之一就是讲好中华优秀传统文化，做好中华优秀传统文化的国际传播才能真正宣介好"人类命运共同体"等中国理念和倡议。因此，要实现中国软实力的切实提升，必须在新时代做好中华优秀传统文化的国际传播。然而，从提升国家软实力的视域看，中华优秀传统文化的对外传播长期以来存在两个方面的制约：一是在外部受制于欧美国家主导的国际传播范式，在其"中国威胁论"等错误的舆论影响下，对外传播时往往难以全面、真实地传播好中华优秀传统文化的实质；二是传统的传播战略过多注重官方路径，忽视民间传播，正是传播主体单一、传播路径缺乏，造成了中华优秀传统文化针对国际不同受众传播的差异化不够、精准性不足，整体传播效果有待提高。在国家软实力构建导向下，中华优秀传统文化的国际传播亟须克服这两个现实问题，通过系统的战略路径设计提高国际传播效果，增强中华优秀传统文化的吸引力，切实实现国家软实力的提升。

　　本书的主旨是在习近平新时代中国特色社会主义思想的指引下，全球治理新格局的大背景下，探讨如何对中华优秀传统文化进行更加有效的国际传播，设计更加有针对性的国际传播战略路径，最终实现提升国家软实力的目的。

目 录

第1章 软实力视域下中华优秀传统文化国际传播的相关概念和逻辑 ……… 1

　1.1 软实力的相关概念及特征 ……………………………… 1

　1.2 国际传播的相关概念及特征 …………………………… 7

　1.3 中华优秀传统文化 ……………………………………… 13

　1.4 中华优秀传统文化国际传播与软实力的关系 ………… 15

第2章 软实力视域下中华优秀传统文化国际传播研究的可视化分析 …… 16

　2.1 可视化研究方法和数据获取设计 ……………………… 16

　2.2 国内软实力视域下中华传统文化国际传播的研究 …………… 17

　2.3 国外关于软实力视域下中华传统文化国际传播的研究 ………… 29

第3章 软实力视域下中华优秀传统文化国际传播的机遇与困境分析 …… 35

　3.1 软实力视域下中华优秀传统文化国际传播的机遇 ………… 35

　3.2 软实力视域下中华优秀传统文化国际传播的困境 ………… 41

第4章 软实力视域下中华优秀传统文化国际传播5W分析………… 47

　4.1 中华优秀传统文化国际传播的传播主体分析 ………… 47

　4.2 中华优秀传统文化国际传播的传播受众分析 ………… 53

　4.3 中华优秀传统文化国际传播的传播内容分析 ………… 58

　4.4 中华优秀传统文化国际传播的传播渠道分析 ………… 65

　4.5 中华优秀传统文化国际传播的传播效果分析 ………… 69

第5章　软实力视域下"一带一路"典型区域中华优秀传统文化

国际传播分析 ……………………………………………… 72

　5.1 "一带一路"倡议下中华优秀传统文化在东南亚的传播 ……… 72

　5.2 "一带一路"倡议下中华优秀传统文化在非洲的传播 ……… 87

　5.3 "一带一路"倡议下对非援助带来的文化传播 …………… 96

第6章　软实力视域下发达国家文化国际传播对标分析 ……… 104

　6.1 美国文化的国际传播对标分析 ……………………… 104

　6.2 法国文化的国际传播对标分析 ……………………… 114

　6.3 韩国文化的国际传播对标分析 ……………………… 117

　6.4 日本文化的国际传播对标分析 ……………………… 126

第7章　软实力视域下中华优秀传统文化国际传播的战略路径 ……… 134

　7.1 坚定文化自信，融汇中华优秀传统文化国际传播多元主体 ……… 134

　7.2 坚持"内容为王"，挖掘和优化中华优秀传统文化国际传播内容 … 137

　7.3 坚持创新驱动，拓展中华优秀传统文化国际传播渠道 …… 139

　7.4 坚持精准定位的中华优秀传统文化受众分层国际传播 ………… 143

　7.5 坚持用好"一带一路"平台，推进优秀传统文化国际传播 ……… 145

参考文献 …………………………………………………… 147

第1章 软实力视域下中华优秀传统文化 国际传播的相关概念和逻辑

1.1 软实力的相关概念及特征

1.1.1 软实力的概念

1990年，哈佛大学教授约瑟夫·奈（Joseph Nye Jr.）发表《软实力》一文，将一个国家的综合国力划分为"硬实力"和"软实力"。约瑟夫·奈最早提出软实力的概念，其提出的背景是国际上关于"美国衰落论"的辩论以及冷战后文化、价值观和政治制度在国际政治中的地位越来越高。随着冷战结束，西方尤其是美国的人口、资源、经济规模、军事等因素在国际政治中地位下降，同时西方也在赋予文化、国际制度等新的内涵和意义。奈正式提出软实力的概念后，这一概念伴随着国际局势和国际力量对比的变化，开始在国际政治以及国际媒体中被广泛传播和接受。软实力成为衡量一个国家综合国力甚至国际地位的重要指标。随着软实力概念的发展，当前国际上又出现了"锐实力"一说，美国《外交事务》杂志2017年11月发表由克里斯托弗·沃克（Christopher Walker）和杰茜卡·路德维希（Jessica Ludwig）合写的文章《锐实力的意义：威权国家如何投射影响力》，"锐实力"一词首次被提出并使用。①特别是美国在全世界大搞"颜色革命"和美式民主的传播，"锐实

---

① WALKER C, LUDWIG J. The Meaning of Sharp Power: How Authoritarian States Project Influence [J/OL]. Foreign Affairs, 2017, https: //www. foreignaffairs. com/articles/china/2017-11-16/meaning sharp-power.

力"成为美国利用媒体、文化、教育以及信息等资源对世界施加影响的重要方式。软实力的概念随着西方国家利益的需要,在实践中的内涵和外延也在不断扩大。

中国研究软实力需要跳出西方的话语体系,要根据中国的现实和实践形成中国自己的软实力理论,进而制定中国的软实力尤其是文化软实力战略。早期中国学者王沪宁对奈的软实力概念及其内涵做了专门介绍,他指出,软实力是在冷战结束后世界相互依存的背景下产生的一种"权力扩散"现象而形成的一种国家权力要素,这种要素主要来源于文化等无形的资源。①这一时期学者庞中英也利用软实力的概念,提出了软力量在国际关系理论方面的意义,特别强调了软力量的发展对国际关系的重要意义。②

直到21世纪后,中国学术界对"软实力"这一概念的研究才逐渐升温。刘德斌用软权力分析美国霸权扩张的全新方式,③朱锋剖析了软权力与硬权力的内在关系和软硬实力的兴衰问题,④还有学者用软权力理论来分析中国和平崛起的内涵,认为软权力正成为衡量和评估中国国际地位的重要指标⑤。黄仁伟、胡键认为,要根据中国国情和借鉴其他大国的历史经验来确定中国发展软力量的战略设想和目标定位。⑥学者胡键认为,与软力量和软权力相比,中国学界更倾向于使用软实力这个概念。⑦经过学者阎学通、秦亚青、俞新天、陈玉刚、门洪华、陆钢等的研究,中国学界关于软实力的研究进入了高峰期。

中国综合实力的提升,以及近年来中国提出的"四个自信"尤其是"文化自信",使得中国越来越注重文化软实力的提法,怎样把中国的经济发展优势转变为具有国际影响力的软实力,不仅越来越受到关注,而且是确保中国和平发展的持久性和可持续性的重要问题。所以,尽管中国学界关于"soft power"的翻译在概念上使用不同,但其研究成果的指向内容是相似的。中国

① 王沪宁. 作为国家实力的文化: 软权力 [J]. 复旦学报(社会科学版), 1993(3): 91-96.

② 庞中英. 发展中国软力量 [J]. 瞭望新闻周刊, 2006(01): 63.

③ 刘德斌. 软权力: 美国霸权的挑战与启示 [J]. 吉林大学社会科学学报, 2001(03): 61-68.

④ 朱锋. 浅谈国际关系理论中的"软权力" [J]. 国际论坛, 2002(02): 56-62.

⑤ 刘阿明. 软权力理论与中国的和平崛起 [J]. 太平洋学报, 2005(12): 55-63.

⑥ 黄仁伟, 胡键. 中国的和平发展道路和软力量建设 [J]. 社会科学, 2007(07): 4-12.

⑦ 胡键. 软实力研究在中国: 一个概念演进史的考查 [J]. 国际观察, 2018(06): 119-133.

学者对这一概念的使用也逐渐跳出西方的话语体系，根据中国新时代的发展和实践，这一概念逐渐形成了基于中国发展的新内涵，并被广泛应用于学界、媒体和政府的多项政策报告中，成为当前衡量中国发展和国家综合实力的重要影响因素和关键性的指标。

1.1.2 中国对软实力的认知发展

由于国情、历史文化和政治制度等方面的原因，关于"软实力"的概念，中外学者在内涵和外延上还存在很大的分歧，约瑟夫·奈关于软实力的概念主要是为美国利益和美国战略服务的，并非用文化等软实力来塑造美国，而是在美国硬实力达不到的地方，要辅以美国的软实力尤其是美国的文化和美国价值观来改造世界。①中国学者从软实力的内涵、构成要素、评价等方面对软实力理论进行了梳理，如上所述，20世纪90年代后，随着世界格局和国际力量的变化发展，"软实力"这一概念在中国越来越具有中国特色。在构建中国的知识体系和理论体系的过程中，国内学者跳出西方理论的桎梏，从中国的实践和中国的发展特色出发，对软实力的概念进行发展总结，其认识也越来越深刻。

有学者认为，奈的软实力概念存在内在缺陷，他并没有划清软实力和硬实力的界限，导致这一概念在很多时候被泛化。随着对软实力概念认知的发展，当前国内外出现了很多关于软实力以及文化软实力评估和测量方面的研究。世界有三大代表性的软实力排行体系，分别为："安霍特—益普索"国家品牌指数②、南加州大学和波特兰公司发布的《软实力30强》③以及品牌金融

---

① 胡键. 软实力研究在中国：一个概念演进史的考察 [J]. 国际观察, 2018（6）: 119-134.

② 由英国政治家Anholt和Ipsos主导编纂的全球国家及地区品牌的调查指数，这个指数通过出口、治理、文化、民众、旅游和移民投资六个维度来评估一个国家的品牌形象。

③ 由南加州大学外交研究中心和波特兰公关公司来联合发布的衡量国家全球软实力影响力的指数，这个指数主要从政府、文化、教育、全球参与度、企业和数字化六个层面进行评估。

发布的全球软实力指数榜①。这三大排行体系都构建了自己衡量软实力的指标，并定期发布对世界软实力的排名，在国际上有一定的影响。关于构建中国软实力指标方面，美国波特兰公关公司联合脸书（Facebook）和南加州大学公共外交中心发表了报告《软实力30强》（The Soft Power 30），综合文化、政府、企业、全球参与度、教育、数字六项客观数据和全球民意调查，对全球近五十个国家的软实力进行比较评估，这一指标体系被约瑟夫·奈称为是最科学、最清晰的评估体系。

中国清华大学的阎学通团队通过国家模式吸引力、文化吸引力、友好关系、国际规则制定权、对国内社会上层的动员力、对国内社会下层的动员力等六项统计指标来对中美两国进行软实力比较，据此估算出中国的软实力约为美国的1/3。②这是国内较早的对软实力进行量化测量的尝试。关于软实力的评估问题，有学者总结了其评估的框架和方法。③相比国际上对软实力的评估主要集中在民族—国家这个参考对象，考察受软实力影响的国外民众的态度和软实力的结构等，国内也有学者根据软实力的评估框架和来源等要素，构建全球的软实力评估体系。④

随着软实力评估和测量研究的深入，国内外在软实力建设方面也越来越趋于实证化。特别是信息时代，国家间的竞争以及国际力量对比的变化，使得软实力间的竞争尤其是国际传播能力的竞争处于越来越重要的地位。当前国际的竞争不仅表现在经济实力、军事实力上，还需要构建电视、信息网络、社交媒体等传播的渠道和媒介，通过多样化的方式占据道德的制高点，主动设置议题，从而构建完善的国际传播体系，增强国际传播能力。这不仅是信息时代发展的新要求，也是我国一直重视软实力建设尤其是中华优秀传统文化国际传播的重要原因所在。面对美国主导的国际传播秩序，中国更需要加强文化传播尤

---

① 由Brand Finance发布的一个全面评估全球100多个国家的软实力指数，该指数通过评估影响力、声誉、治理、文化、外交政策、国际关系、商业和贸易、技术和创新这八个关键领域的表现来衡量一个国家的软实力。

② 阎学通,徐进.中美软实力比较 [J].现代国际关系,2008(1):24-29.

③ 钟新,黄超.软实力的三种评估框架及其方法[J].湖南师范大学社会科学学报,2013(3):93-100.

④ 史安斌,朱泓宇.构建全球软实力评估体系:现状分析与未来展望[J].青年记者,2022(17):89-93.

其是中华优秀传统文化国际传播的能力建设，使得国际传播和国际关系一样，要以国家利益为至上原则，在国际上建立更广大的"朋友圈"，应对国际的新挑战和中华民族的全面复兴。

1.1.3 文化软实力与提升国家形象

随着软实力概念及评估体系的构建，这一概念得到了不断发展。信息时代，文化软实力越来越受学界关注。中国学者童世骏的《文化软实力》[①]比较系统地介绍了文化软实力的重要作用。软实力概念的提出者约瑟夫·奈也认为文化软实力具有重要作用，并指出了其在文化、政治价值观和对外政策三个方面对国家的重要作用。

冷战后美国对外的"价值观改造"，输出其政治价值观，推动"颜色革命"和"阿拉伯之春"等，不仅没使美国的软实力得到提升，反而使美国的吸引力等急剧下降。中国学者对软实力特别是文化软实力具有中国化的阐释。中国的传统文化不仅为中国文化软实力建设提供了资源要素，也是中国文化软实力建设的内在动力。所以不同于西方尤其是美国的文化软实力主要是"外化"并以此改造世界，在全球普及美式价值观，中国的文化软实力强调的是"内化"问题，必须要加强中国共产党对意识形态的领导权，警惕西方意识形态的渗透，并在实践中践行社会主义核心价值观和社会主义核心价值体系。

此外，中国学界还把软实力和文化软实力从国家战略层面引入对一个地区、一个城市、一个单位或组织（主要是企业）等的研究，相比"区域软实力"概念，"城市软实力"被学术界广泛使用。关于文化软实力的研究学界也越来越关注，学者陈玉聃认为，奈虽然提出了文化是软实力的主要来源，但他并没有研究文化在哪些条件下可以成为软实力，并提出文化的软权力化需要三个条件：文化的传播能同化他人的观念和思维方式；对他人观念的同化有助于本国战略目标的实现；在通过文化同化实现本国目标的过程中，国家的控制力

---

① 童世骏. 文化软实力 [M]. 重庆: 重庆出版社, 2008.

得以增强。①学者郭洁敏认为，文化的软权力化也是有条件的，这需要文化的先进性、国内有效运用的资本以及强大的文化传播和辐射能力，特别是要借助大众媒介传播到国际社会中，只有这样一国的文化才有可能提升为国际社会普遍认同的世界文化。②唐代兴的"静态的文化软实力构成要素体系"③、花建等的文化软实力要素指标体系的构建④，以及胡键从比较的视角来评估中国文化软实力发展状况⑤等进一步深化了对文化软实力的研究。

在此基础上，陶建杰等提出了文化软实力的测量和实证评估，从文化资源力、文化传播力、文化认同力、文化实践力四个方面，设计了包含三十八个指标的中国文化软实力评估的指标体系以及中国文化软实力的提升策略。⑥张劲松教授对中国软实力建设的起源和历史发展进行了梳理进而认为中国的软实力建设需要更加重视儒家文化和传统文化，重视中华优秀传统文化对软实力的巨大贡献。⑦但从当前实践来看，中国的文化实践力和文化认同力得分相对较高，文化资源力和文化传播力得分较低，特别是目前中国文化传媒企业的国际竞争力依然偏弱，文化产品在国际文化贸易产业链中处于下游。文化软实力要取得良好的效果，不仅需要得到他国民众的认同，还要在认同的基础上指导实践，也就是文化的传播要从浅层的心理认知到深层的行为实践，把对他国民众的影响上升到国家层面，进而推动他国政府制定有利于中国的政策。在软实力基础上要推动中华优秀传统文化的国际传播，就要在文化资源力、文化传播力、文化认同力和文化实践力这四个维度逐级递进，进而推动浅层次的文化认同向深层次的文化实践转变。中餐、中医、中国节日等一直被认为是最具代表性的中国文化实践。经过多年的对外传播，需要转变思路，重新评估这些元素

① 陈玉聃. 论文化软权力的边界 [J]. 现代国际关系, 2006 (01)：57-63.

② 郭洁敏. 当前我国软力量研究若干难点问题及其思考 [J]. 2008年度上海市社会科学界第六届学术年会文集 (世界经济·国际政治·国际关系学科卷), 2008 (09)：172-175.

③ 唐代兴. 文化软实力战略研究 [M]. 北京：人民出版社, 2008；39.

④ 花建, 等. 文化软实力：全球化背景下的强国之道 [M]. 上海：上海人民出版社, 2013；42-43.

⑤ 胡键. 中国文化软实力评估于增进策略：一项国际比较的研究 [J]. 中国浦东干部学院学报, 2014 (02)：40-53.

⑥ 陶建杰, 尹子伊. 中国文化软实力的实证评估与模拟预测 [J]. 未来传播, 2021 (4)：14-23.

⑦ 张劲松. 政府软实力历史回顾与全球借鉴 [J]. 人民论坛, 2013 (6)：21-23+256.

在中国文化软实力中的价值和作用，特别是在中国传统文化创造性转化和创新性发展的"双创"背景下，要多多发掘传统文化的价值和影响力，通过开发更多的文化产品和构建多元的文化平台实现文化软实力对国家形象的塑造功能。当前中国汉服在国内外的传播和影响，特别是由此带来的汉服文化和产业链的发展完善，对我国的文化软实力建设和国家形象的提升是非常好的启示。

1.2 国际传播的相关概念及特征

1.2.1 国际传播的概念

国际传播是伴随着国际广播的诞生和跨国传播活动的兴起而产生的国际政治交流，早期出现了拉斯韦尔（Lasswell）、施拉姆（Schramm）、麦克卢汉（McLuhan）等代表性人物，20世纪90年代成为一门独立学科后，出现了福特那（Fortner）等代表人物。而"分众"一词最早由美国未来学家托夫勒（Toffler）在1980的《第三次浪潮》中首次提出，分众传播是传播主体根据受众的差异性面向特定的受众群体提供特定的信息与服务。因此，关于国际传播分众化的学术史梳理需要从国际传播的受众研究开始。西方关于国际传播受众的研究经历了从"魔弹论""影响不一理论"到"使用与满足论"的过程，大致经历了以下三个阶段。

初期阶段主要研究受众的"媒介决定论"，即媒体传播的信息、议题等影响受众的认知及受众群体的分化。李普曼（Lippmann）的"拟态环境"论，认为"受众"的态度很大程度上取决于媒体所提出的"拟态环境"[1]；麦克卢汉主要探讨了媒介的发展对社会变迁的作用及由此带来的受众行为模式的变化[2]；麦库姆斯（McCombs）的"议程设置"论提出要影响国际受众的头脑和态度，国际传播需要在议题设置上下功夫[3]。

①　[美]沃尔特·李普曼.舆论[M].常江，肖寒，译.北京：北京大学出版社，2018.

②　[加拿大]马歇尔·麦克卢汉.理解媒介：论人的延伸[M].何道宽，译.北京：译林出版社，2019.

③　[美]麦库姆斯.议程设置：大众媒介与舆论[M].郭镇之，徐培喜，译.北京：北京大学出版社，2018.

中期阶段更加关注受众的心理及行为过程论，即国际传播的效果受到受众微观的心理选择及行为认知的影响。克拉珀（Klapper）的"受众选择理论"将受众的选择性心理归纳为"选择性理解、选择性接受和选择性记忆"[1]；诺尔-诺伊曼（Noelle-Neumann）的"沉默的螺旋"理论认为个人意见的表明和"沉默"的扩散是一个螺旋式的社会传播过程[2]。

后期阶段主要针对受众的群体差异论，即差异带来信息流动及受众角色的转变。麦奎尔（McQuail）探讨了现代传播技术尤其是新媒体的冲击，带来传统受众角色的变化。[3]伴随着主流国际传播体系的发展，近年国际学术界也出现了关于国际传播和中国对外传播方面的研究，皮特从中国内外战略发展的现实诉求分析了中国构建人类命运共同体的动机及逻辑，[4]还有学者如霍尔[5]、沈大伟等[6]从国际政治、经济和安全网络以及基础设施等方面论述了中国构建人类命运共同体的风险以及中国国际传播面临的挑战等问题。

国内研究方面，我国国际传播随着新中国的成立起步，冷战时期意识形态上的尖锐对立使国际传播的受众关注较欠缺，直到改革开放后我国才出现了国际传播受众差异及商业的分众化。国内的国际传播理论视角多元，而受众研究方面则是众多国际传播理论中比较重要的研究热点。关于这一方面，国内目前主要从以下方面进行研究。一是通过受众与媒体的关系，分析受众的媒介使用及媒介对受众的影响。这体现在两个转变上：钟馨认为中国对外传播的受众经历了从"宣传对象"向"信息消费者"的转变；[7]有学者如张志安和李辉认为受众对媒介的使用使传播权力向受众转移，出现了"新闻工作中心"向"受

---

① ［美］约瑟夫·克拉珀. 大众传播的效果［M］. 段鹏，译. 北京：中国传媒大学出版社，2016.

② ［德］伊丽莎白·诺尔-诺伊曼. 沉默的螺旋：舆论——我们的社会皮肤［M］. 董璐，译. 北京：北京大学出版社，2013.

③ ［美］丹尼斯·麦奎尔. 受众分析［M］. 刘燕南，等，译. 北京：中国人民大学出版社，2006.

④ PETER KOENIG. "China is Building a Community with a Shared Future for Mankind", Global Research, 2019, https: / /www.Globalresearch.ca /china building community shared future mankind /5695823

⑤ 人类命运共同体理念代表中国对世界发展的美好愿景——访匈牙利专家霍尔瓦特［N］. 光明日报，2023-03-25（08）.

⑥ SHAMBAUGH DAVID. "China's Soft-Power Push: The Search for Respect", Foreign Affairs, vol.94,no. 4,2015, pp.99-107.

⑦ 钟馨. 中国对外传播受众观的转变［J］. 新闻前哨，2010（3）：58-60.

众中心"的转变。①二是通过受众的地位和权力，分析国际传播受众的地位及定位策略变化。喻国明认为，新媒体技术的发展会带来受众需求的多样化和受众市场的细分化；②史安斌强调，中国对外传播的"入眼、入耳、入心"，需要受众研究从以欧美为中心的精英阶层向世界各国的草根阶层转变。③三是通过受众的心理、结构层次及评估体系，分析受众调查及传播的有效性。胡伟从跨文化交流视角分析受众的心理变化。④程曼丽把国际受众划分为三个层次，还分析了如何通过掌握国际传播的规律和技巧来减少传播不当带来的国家形象危机问题。⑤刘燕南在分析我国国际传播受众现状和问题的基础上，提出国际受众评估的指标体系以及精准传播问题。⑥

随着中国"一带一路"国际合作倡议以及构建人类命运共同体概念的提出，特别是中国式现代化的实践和成就，使中国的国际传播研究的领域和视角不断扩大，并且把国际传播和软实力、国家形象构建、国际话语权等研究相结合。这不仅丰富了国际传播的研究内容，还拓展了国际传播的研究空间，有利于构建中国的国际传播体系。

1.2.2 国际传播的特征和模式

美国学者拉斯韦尔在《社会传播的结构与功能》中首次提出了传播过程及构成传播过程的五个基本要素，即"5W"模式（Who、Says What、In Which Channel、To Whom、With What Wffect），他把传播过程分为主体、内容、渠道、受众和效果五个部分。具体如图1-1所示。

---

① 张志安, 李辉. 海外社交媒体中的公众传播主体、特征及其影响[J]. 对外传播, 2020 (05)：07-10.

② 喻国明. 解读当前中国传媒发展的关键词[J]. 新闻与写作, 2006 (9)：3-6.

③ 史安斌. 对外传播及国际传播教育的新思路[J]. 新闻战线, 2012 (9)：70-71.

④ 胡伟. 道与术：国际政治传播的战略思维[J]. 社会科学, 2014 (12)：8.

⑤ 程曼丽. 国家形象危机中的传播策略分析[J]. 国际新闻界, 2006 (3)：5-9.

⑥ 刘燕南, 史利, 等. 国际传播受众研究 [M]. 北京：中国传媒大学出版社, 2011.

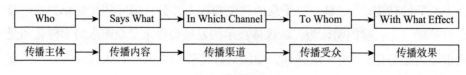

图1-1 "5W"的传播模式图

资料来源：作者自绘

从"5W"模式中，可以看出要取得最终的传播效果，需要对传播主体、传播内容、传播渠道和传播受众这四个方面进行研究。只有拓展多元传播主体，制定相应的传播内容，改善传播渠道和精准定位传播受众才能取得良好的传播效果。作为国际传播的最重要的特征和模式，中国的国际传播需要在此基础上构建国际传播网络，进行媒介传播、人际传播、大众传播、区域国别传播和二级传播等。

结合"5W"的传播模式和传播规律，在互联网和新媒体发展变化的基础上，中国需要通过挖掘自身的传播优势和文化特点，提出当前应将传播主体的多元化、传播内容的特色化、传播渠道的现代化以及传播受众的年轻化四个方面作为传播重点。在提升传播效果方面，中国国际传播既包括国内部分，也包括国外部分，因此传播效果的评估可以分为国内和国外两个方面。中国国家形象的建构不仅要对外提升传播效果，对内也要提升政府的治理能力、城市宜居形象以及服务业的水平和产品的声誉等，中国的对外传播只有做到"内外联动"，才能产生良好的效果。在"5W"的传播模式基础上，中国的国际传播尤其是中华优秀传统文化的国际传播需要在这五个方面下功夫，需要推进传播主体的多元化、传播客体的分众化和精细化、传播渠道的信息化、传播内容的创新化，进而达到良好的国际传播效果，并通过实时的动态评估和构建科学的评估体系进行测量和反馈。通过把握国际传播的规律，尤其是文化传播的特征，达到从文化感知到文化实践的国际文化传播效果。

1.2.3 中华优秀传统文化的传播

软实力传播尤其是文化软实力传播要借助大众传媒平台，中国传统文化"走出去"还需要构建完善的传播体系以增强中国的国际传播能力。在中华传统文化国际传播领域，当前很多学者聚焦于研究传统文化的内涵和历史，以及传统文化符号对中华文化国际传播的重要影响。如王鑫、黄皓宇探讨了作为中国古典文学和传统文化符号的杜甫，其文学作品和形象在国际社会的传播和重塑，强调在中华文化走出去时要注意在文化符号的表意实践中达成超越性与实践性的统一；①辛文探讨了《道德经》的哲学内涵，用《道德经》哲学思想解读"人类命运共同体"思想；②冯国军探讨了古籍的数字化，强调开发古籍数字资源，推动古籍的传播。③

在中华传统文化国际传播中，对各种传统文化的解读和推广成为促进中华传统文化国际传播领域的研究重点。其中，尤其以武术文化的解读和推广成为一时的热点。张长念、刘世海探讨了太极拳对传统文化传播的作用，④汪如锋、白广昌探讨了中国武术文化和西方体育文化的差异；⑤董伟用文献研究法探讨了武术国际传播的问题，揭示了武术国际传播的一般模式；⑥郭玉成、刘韬光在文化强国视域下探讨了武术国际传播的方略；⑦冯慧探讨了少林武术的国际传播路径，强调将武术与其他形式，诸如孔子学院等相结合，发挥更大的效果。⑧除了对武术的研究，国内学者对其他传统文化也进行了一系列的探讨，谢程程探讨了儒学文化走出去的必然性和路径；⑨徐红梅探讨了盐文化对中华文化国际传播的重要意义，丰富了中华传统文化的表达；⑩汤光鸿探讨了"和"文化的发展和国际传播，强调了"和"文化在中华传统文化中的重要

---

① 王鑫，黄皓宇. 中国传统文化符号跨文化叙事研究——基于杜甫在英文世界传播的考察[J]. 新闻与传播评论，2021, 74（05）: 121-128.

② 辛文.《道德经》视域下的"人类命运共同体"思想[J]. 中国出版，2019（15）: 11-14.

③ 冯国军. 我国文学古籍资源数字化开发现状及启示[J]. 出版广角，2021（05）: 39-41.

④ 张长念，刘世海. 太极拳：中国文化的道家哲学[J]. 南京体育学院学报，2018, 1（08）: 73-80, 2.

⑤ 汪如锋，白广昌. 中国武术国际传播中的武术文化传承与传播思考[J]. 体育科技文献通报，2007（10）: 57-59.

⑥ 董伟. 中国武术国际化发展的问题研究[J]. 南京体育学院学报（自然科学版），2010, 9（02）: 137-139.

⑦ 郭玉成，刘韬光. 文化强国视域下武术国际传播方略[J]. 成都体育学院学报，2012, 38（04）: 7-11, 21.

⑧ 冯慧. 少林武术国际传播路径探析[J]. 体育文化导刊，2016（06）: 58-60.

⑨ 谢程程. 着力提升儒学文化的国际影响力[J]. 人民论坛，2019（22）: 134-135.

⑩ 徐红梅. 文化间性视域下中国传统文化对外传播话语的国际表达——以中国盐文化为例[J]. 昌吉学院学报，2019（02）: 18-21.

性；①孙宝瑞探讨了白酒文化在国际传播中的独特魅力。②对传统文化的解读和推广，成为中华传统文化国际传播的重要内容，对各种具有中华代表性的传统文化在国际传播中的发展和意义解读，成为中华传统文化国际传播领域经久不衰的热点。

在中华传统文化的国际传播研究领域，还出现了两个研究热点。

一是对"汉语国际教学"这种方式的研究，尤其是以"孔子学院"为研究重点，范晓玲探讨了汉语国际传播在"软实力"建设中国的作用，强调孔子学院的师资力量建设；③马东顺、张丽梅探讨了基于孔子学院模式的传统武学的国际传播，强调孔子学院模式对传统体育的借鉴意义；④孙芊芊、朱天博探究了互联网时代汉语国际化传播的特点，强调要加强青年的国际交流；⑤李宝贵探究新时代孔子学院发展的特征，探讨了新时代孔子学院转型的路径，从发展理念、办学功能、管理模式和传播方式四大方面进行了探索；⑥刘晶晶、吴应辉对孔子学院和其他机构在课程、师资和课程以及认证等方面进行了比对研究，并强调5G技术对孔子学院国际传播的作用；⑦石雨、金光亮、唐民科探讨了通过孔子学院推动中医药文化国际传播，打造特色的孔子学院。⑧汉语国际教学的传播模式，以孔子学院为研究重点，依托孔子学院研究模式，融洽其他传统文化，推广更多的传统文化。

二是对传统文化国际传播实践路径的研究，尤其以传播对策和模式为

① 汤光鸿. 论"和"文化的发展与国际传播 [J]. 南京政治学院学报, 2007 (02)：70-73.

② 孙宝瑞. 白酒包装文化的国际传播研究 [J]. 西部皮革, 2020, 42 (18)：111-112.

③ 范晓玲. 汉语国际推广中亚基地发展及对策研究 [J]. 新疆大学学报 (哲学人文社会科学版), 2009, 37 (02)：132-134.

④ 马东顺, 张丽梅. 健身气功基于孔子学院模式的国际传播研究 [J]. 运动, 2012 (04)：142, 43.

⑤ 孙芊芊, 朱天博. 互联网时代汉语国际文化传播刍议 [J]. 牡丹江师范学院学报 (哲学社会科学版), 2013 (01)：81-82.

⑥ 李宝贵. 新时代孔子学院转型发展路径探析 [J]. 云南师范大学学报 (哲学社会科学版), 2018, (05)：27-35.

⑦ 刘晶晶, 吴应辉. 孔子学院与其他国际语言传播机构办学状况比较研究 (2015—2017年) [J]. 民族教育研究, 2020, 31 (06)：126-134.

⑧ 石雨, 金光亮, 唐民科. 打造特色孔子学院推动中医国际传播——兵库中医药孔院建设与思考 [J]. 医学教育研究与实践, 2021, 29 (01)：4-9.

主，通过各种方式，诸如文化产业、文化产品、影视作品和各类社交媒体，来进行传统文化的国际传播。吴建生探讨了电视台对外传播的作用，强调外宣精品，借助外媒平台，拓宽传播渠道；[①]刘丽、李舟在新媒体视域下探讨了国家文化传播的文化和消费的双重壁垒，强调打造文化品牌；[②]杨会探讨了纪录片对国家形象的重构；[③]陈波、张雷探析了文化类节目对提升国际传播的重要作用，强调讲好"中国故事"，推动电视资源融合，提升电视国际化程度；[④]田文以首届国际诵读会为例，探讨了举办民间重大活动对传统文化国际传播的重要意义，提出青年群体在国际传播中的重要性[⑤]。此外，还有学者从中国电影、移动媒体和自媒体的作用等方面分析他们对中国传统文化国际传播的作用以及关于打造个人IP问题。

1.3 中华优秀传统文化

1.3.1 文化的概念

文化是一个相对复杂且多面的概念，被用于描述与人类社会及其发展、思维、价值观、行为及其与环境的关系等相关的知识、信仰、艺术、道德、法律、习惯和其他能力与习惯。文化包含了一个社群共同持有的信仰、知识和价值观，影响人们的行为方式、日常习惯和生活方式，而符号、语言、文字等是文化传递和沟通的重要工具。此外，音乐、绘画、雕塑、文学等也是文化的重要组成部分，这反映了人们的审美、情感和创造力。而法律、政策、宗教、家庭、教育等社会结构和组织方式等社会制度也属于文化的范畴，作为社会价值

① 吴建生. 地方台探索对外传播的实践和思考——以泉州广播电视台为例[J]. 当代电视，2013（10）：50-51.

② 刘丽，李舟. 新媒体视域下国际文化贸易中的传播壁垒[J]. 新闻战线，2015（10）：16-17.

③ 杨会. 主旋律纪录片国家形象的国际化传播探究[J]. 电影评介，2018（17）：98-101.

④ 陈波，张雷. 基于节庆文化类节目提升国际传播能力探析[J]. 电视研究，2018（11）：18-20.

⑤ 田文. 致敬经典推动中华文化海外传播——以首届"致经典"国际诵读会（加拿大）为例[J]. 对外传播，2019（12）：30-32.

观和社会制度的文化使得文化具有一定的意识形态属性。

文化并不是一成不变的，它会随着时间、环境和社会的发展而变化，此外文化还具有一定的传承和继承性，每一代都会在原有的基础上增加自己的理解和创新。简而言之，文化是一个社会或群体的共享特征，包括它的艺术、信仰、习惯、传统和其他社会行为形式。它是人类对自然、社会和自我认知的反映，也是人类文明和智慧的体现。

文化还具有层次性，有人把文化分为物质文化与非物质文化层次，物质文化指的是人们创造的物质产品，如工具、建筑等；非物质文化则包括语言、信仰、习俗、节庆等。有学者把文化分为器物文化、制度文化和价值观文化三个维度。还有文化的四层次说，即物质文化、制度文化、行为文化和心态文化。文化从级别上可划分为：高级文化，包括哲学、文学、艺术、宗教等；大众文化，指习俗、仪式以及包括衣食住行、人际关系各方面的生活方式；深层文化，主要指价值观的美丑定义、时间取向、生活节奏、解决问题的方式以及与性别、阶层、职业、亲属关系相关的个人角色。

总之，文化的层次和种类是多样的、多元的，是一个由多个元素组成的复杂系统。其构成要素包括精神文化、语言和符号、体系规范、社会组织和物质产品等。文化在传承和整合社会的过程中，不仅起到了维持社会秩序的功能，而且会对他国的信仰和价值观产生重大影响。

1.3.2 中华优秀传统文化的内涵

中华优秀文化是指中华民族在数千年的历史进程中，创造、积累和传承下来的具有鲜明民族特色、反映中华民族精神、体现人民智慧和价值追求的文化成果。这种文化不仅仅是物质文化，还包括非物质文化遗产，如思想、道德、制度、风俗、艺术、语言等。中华优秀传统文化包括以下几个方面。一是道德观念与人文精神，如"仁爱""孝悌""忠诚""和为贵"等道德观念。二是哲学思想，主要有儒家、道家、法家、墨家等各种学派的哲学体系和思想。三是文学艺术，如古代的诗词、曲艺、小说、绘画、雕塑、音乐、舞蹈等。四是科学与技术，如中医、天文学、算术、农学、建筑等古代科学技术。

此外，还包括民俗习惯、制度法律、宗教信仰、语言文字等。

这些内容反映了中华文化的深厚底蕴，也是中华民族的宝贵财富。中华优秀文化不仅为中华民族提供了精神支撑和价值指引，也对世界文明的发展做出了重要贡献。

1.4 中华优秀传统文化国际传播与软实力的关系

中华优秀传统文化传播对中国的软实力建设具有重要意义。通过传播中华优秀传统文化，中国可以向世界展示自己独特的文化魅力和智慧。这种文化传播能够增进国家间的相互了解和尊重，促进跨文化的交流与合作。同时，中华优秀传统文化作为中国的独特符号，也可以帮助我们塑造中国在国际上的形象，提升凝聚力，增强社会认同感。

中华优秀传统文化传播需要采取多种手段与渠道。一方面，可以利用现代科技手段，如互联网、社交媒体等，将中华优秀传统文化的精髓传播到世界各地。这样可以使更多的人了解、认同和传播中华文化。另一方面，通过举办文化活动，如展览、演出等，在国际上展示中国传统文化的魅力和内涵。

此外，培养具有中华优秀传统文化传承和研究能力的专业人才也非常重要。

当然，中华优秀传统文化传播还面临一些挑战和难题。例如，如何在现代社会中使传统文化与现代价值观相结合，如何在全球化背景下保护传统文化的独特性等。这些问题需要思考和探索。

总的来说，中华优秀传统文化的传播是中国软实力建设的重要组成部分。通过传播中华优秀传统文化，中国可以在国际社会上树立更加积极、开放和具有吸引力的形象，增强国家的软实力。同时，这也是增强民族认同感、传承和宏扬中华优秀传统文化的重要途径。中华优秀传统文化的传播需要注重创新与保护相结合，以达到更好的效果。

第2章 软实力视域下中华优秀传统文化国际传播研究的可视化分析

2.1 可视化研究方法和数据获取设计

2.1.1 可视化研究方法选择

在信息化、网络化时代，借助分析软件进行文献知识图谱的绘制是实现学科主题可视化的主要途径之一，当前学术界可以用来绘制知识图谱的工具包括CiteSpace、SPSS、Ucinet、VOSviewer等，本书主要是借助CiteSpace软件展开分析。CiteSpace软件的开发者是美国德雷塞尔大学信息科学与技术学院的陈超美教授，这款软件适用于分析各类学术文献，对发文作者、研究机构、关键词等进行可视化分析形成知识图谱，用以探测某一学术领域研究的热门话题以及发展趋势。由于操作简单，容易上手，图谱可视化清晰，CiteSpace被广泛应用，本书采用的CiteSpace软件为6.1.R6版本。

2.1.2 数据获取设计说明

本书主要分析国内外中华优秀传统文化国际传播的研究现状，因此会分为国内研究和国外研究两方面，分别在相对应的数据库检索文献并进行CiteSpace可视化分析，国内研究以CNKI中国学术期刊为数据库，国外研究以Springer和Science Direct为数据库，分别进行检索分析。

在CNKI中点击高级检索选项，选择学术期刊中的主题检索，检索的关键词设置为："传统文化&国际传播""中华传统文化&国际传播""软实力&国际传播"，时间范围设置为2000年至2021年，来源范围选择CSSCI，共检索出390篇文献，通过手动筛选，将无作者文献、报道、会议综述、征稿启事的删除，共得到有效文献320篇。同时，在Web of Science 数据库进行主题检索，对"Chinese culture & international communication"和"Chinese culture & soft power"两组关键词检索，时间范围设置为2000年至2021年，最后得到有限文献214篇。

2.2 国内软实力视域下中华传统文化国际传播的研究

2.2.1 研究发文总体趋势

根据图2-1的年度发文量统计图来看，国内关于"中华优秀传统文化国际传播"的研究进展总体上趋于缓慢，2001年至2012年为研究的起步阶段，发文量较少。从2013年开始，研究处于缓慢发展阶段，年度发文量稳定在20篇以上，相较于上一阶段有所增加。自党的十八大以来，以习近平同志为核心的党中央高度重视中华优秀传统文化的国际传播。习近平总书记在2013年召开的以提升国家文化软实力为主题的十八届中央政治局第十二次集体学习时指出，提高国家文化软实力，努力展示中华文化独特魅力。①2021年5月习近平总书记在十九届中央政治局第三十次集体学习时发表讲话，指出要加强国际传播能力建设，展示真实、立体、全面的中国②。由此可见，学术研究成果的增加与政策导向密不可分，国家的大政方针影响着学术研究热点。

---

① 习近平. 建设社会主义文化强国 着力提高国家文化软实力[N]. 人民日报, 2014-01-01(01).
② 习近平. 习近平谈治国理政: 第四卷. [M]. 北京: 外文出版社, 2017: 316.

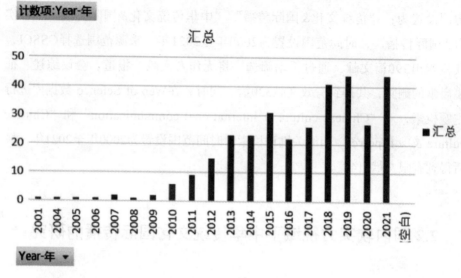

计数项:Year-年

汇总

Year-年 ▾

图2-1　国内关于"中华优秀传统文化国际传播"研究文献的年度发文量

2.2.2 研究机构和作者基本数据分析

通过CiteSpace软件，对320篇文献的发文机构进行分析，可以得出数据统计。中华优秀传统文化的国际传播研究主要集中在高校，其次是一些研究所、教研室，从表2-1中可以看到，发文机构最多的是中国传媒大学传播研究院和北京师范大学艺术与传媒学院，分别发表了五篇文章，其次是中国人民大学新闻学院、华东师范大学传播学院、新疆师范大学学报编辑部以及中央民族大学国际教育学院，分别发表了四篇文章，中国传媒大学外国语学院、湖北大学体育学院、首都体育学院武术与表演学院、福建师范大学音乐学院、四川大学文学与新闻学院分别发表了三篇文章。

表2-1　"中华优秀传统文化国际传播"发文机构数量表

发文量	年份	发文机构
5	2013	中国传媒大学传播研究院
5	2017	北京师范大学艺术与传媒学院
4	2012	中国人民大学新闻学院
4	2013	华东师范大学传播学院
4	2014	新疆师范大学学报编辑部
4	2012	中央民族大学国际教育学院
3	2012	中国传媒大学外国语学院
3	2008	湖北大学体育学院
3	2013	首都体育学院武术与表演学院
3	2012	福建师范大学音乐学院
3	2010	四川大学文学与新闻学院

资料来源：作者自制

2.2.3 研究热点和趋势的可视化探讨

关键词是对文章核心观点的反映，通过分析中华优秀传统文化国际传播相关文献中关键词的出现频次和相互关系，可以得到中华优秀传统文化国际传播的研究热点分布情况。在CiteSpace软件中，将Time Slicing（时间切片）设置为2001年至2021年，设置Years Per Slice（切片间隔）为1年，然后运转软件，生成关键词数据。借助软件统计可知，所选文献中共包含308个关键词，关键词提及频次总计383次，关键词之间共有607条连线，密度为0.013。在表2-2呈现了频次排名前13位的关键词共29个及其频次，依次为：国际传播（131）、中华文化（36）、文化传播（20）、中国故事（20）、软实力（18）、对外传播（17）、文化自信（13）、传播（13）、国家形象（10）、传播策略（9）、武术（8）、传统文化（7）、文化（6）、中国武术（6）、体育文化（6）、习近平（5）、汉语（5）、文化认同（5）、对策（5）、

"一带一路"（5）、中国电影（5）、孔子学院（5）、传统武术（4）、文化交流（4）、中国（4）、中国梦（4）、中国文化（4）、体育管理（4）、传播战略（4）。借助CiteSpace软件对关键词进行年份整理发现，国际传播、武术、汉语、太极拳、体育文化、国家形象这些关键词在研究初期就已经出现，这也反映出早期在我国传统文化的对外传播过程中，过于依赖海外受众的对华刻板印象，输出的大多是近代以来海外民众所接收到的中国形象，没有将传统文化真正内化，中国话语、融合创新、文化认同、文化带、剪纸艺术这些关键词第一次出现的时间相对较晚，也反映出我国在进行传统文化对外传播实践中的转变，不再单一地迎合海外民众的兴趣取向，而是进行守正创新，文化自信不断增强，开始主动输出中国特色，更加注重多样化的中华优秀传统文化走出去，对自身文化的认同感不断增强，开始更新中国对外形象。

表2-2　"中华优秀传统文化国际传播"前13位关键词

序号	频次	中心度	年份	关键词	序号	频次	中心度	年份	关键词
1	131	0.94	2004	国际传播	16	5	0	2017	习近平
2	36	0.13	2014	中华文化	17	5	0	2010	汉语
3	20	0.14	2010	文化传播	18	5	0.01	2015	文化认同
4	20	0.07	2010	中国故事	19	5	0	2007	对策
5	18	0.05	2008	软实力	20	5	0.02	2017	"一带一路"
6	17	0.06	2011	对外传播	21	5	0.03	2013	中国电影
7	13	0.09	2018	文化自信	22	5	0.02	2012	孔子学院
8	13	0.08	2007	传播	23	4	0.03	2009	传统武术
9	10	0.05	2010	国家形象	24	4	0	2014	文化交流
10	9	0.05	2014	传播策略	25	4	0.01	2009	中国
11	8	0.04	2005	武术	26	4	0.01	2013	中国梦
12	7	0.03	2013	传统文化	27	4	0	2012	中国文化
13	6	0.01	2007	文化	28	4	0.01	2015	体育管理
14	6	0	2012	中国武术	29	4	0.01	2011	传播战略
15	6	0.01	2011	体育文化					

资料来源：作者自制

在关键词共现分析基础上，进一步统计关键词突变，可以得到图2-2"中华优秀传统文化国际传播"关键词突变图谱。突变词及强度依次为：软实力（4.99）、中国故事（3.94）、武术（3.68）、文化自信（3.45）、中华文化（2.3）、习近平（1.89）、文化（1.84）、文化传播（1.67）、汉语（1.63）、主体互动（1.55）、中华武术（1.55）、传播（1.48）、文化认同（1.46）、传播策略（1.36）、孔子学院（1.32）、传播战略（1.25）、话语体系（1.24）。这些突变词在一定程度上反映了中华优秀传统文化的国际传播在不同时期的研究主题。在传统文化对外传播初期，武术传播是对外展示中国软实力的主要途径，武术体现了许多传统文化的思想观点，像是中医经络穴位说、八卦说、阴阳说、五行说、儒家的修身养性思想都能在武术活动中找到。2004年颁布的《中小学开展弘扬和培育民族精神教育实施纲要》明确提出将武术内容融入体育课中，2006年9月13日，国务院发布的《"十一五"文化发展纲要》强调传统文化的保护与传承，为传统武术的发展提供了政策依据，2008年北京奥运会上成功举办"2008北京奥运会武术比赛"，将武术展现在世界民众面前，在国民重视武术的热潮中，武术文化的国际传播成为传统文化对外传播初期的主要项目。在传统文化对外传播中期，孔子学院、汉语成为高频词，国务院实施汉语桥工程，设立孔子学院以教习汉语和传播中国传统文化，随着孔子学院在世界范围内的落地，全球掀起了"汉语热"，在国家政策和全球形势的影响下，学术界对孔子学院和汉语的关注热度持续上升。在传统文化对外传播的现阶段，各种形式的对外传播所产生的效果得以显现，通过调查发现，以孔子学院为代表，对外传播中华文化在物质文化方面取得了一定成效，国外青年对中国菜、茶叶、兵马俑、戏曲等产生了浓厚兴趣，但是在制度文化以及精神文化层面的传播效果并不明显，中庸之道、传统儒家思想、核心价值观并未得到他们的普遍认同。在这一阶段，话语体系、传播策略的创新，文化自信、文化认同的提升成为学者们的研究重点，研究开始从物质层面上升到精神文化层面，由外在传播转变为内化自觉，学者们更多地探索如何用中国话语讲好中国故事。

　　在关键词共现图谱的基础上，点击关键词聚类选项，选择LLR算法（对数似然算法），对语义一致的关键词进行聚类处理，得到如图2-3所示的"中华优秀传统文化国际传播"关键词聚类图谱，形成了包括306个节点，607条连线，聚类数量为10的图谱。

Top 17 Keywords with the Strongest Citation Bursts

Keywords	Year	Strength	Begin	End	2001 - 2021
武术	2005	3.68	2005	2012	
文化	2007	1.84	2007	2015	
软实力	2008	4.99	2008	2014	
汉语	2010	1.63	2010	2015	
传播战略	2011	1.25	2011	2011	
主体互动	2014	1.55	2014	2015	
中华武术	2014	1.55	2014	2015	
传播	2007	1.48	2016	2017	
孔子学院	2012	1.32	2016	2017	
话语体系	2016	1.24	2016	2016	
习近平	2017	1.89	2017	2019	
中国故事	2010	3.94	2018	2021	
文化自信	2018	3.45	2018	2021	
传播策略	2014	1.36	2018	2019	
中华文化	2014	2.3	2019	2021	
文化传播	2010	1.67	2019	2019	
文化认同	2015	1.46	2019	2019	

图2-2 "中华优秀传统文化国际传播"关键词突变图谱

资料来源：作者使用CiteSpac软件自制

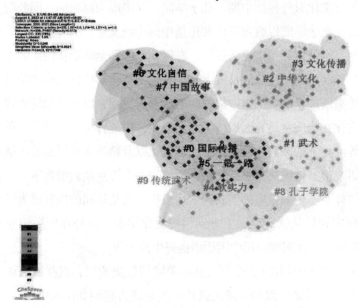

图2-3 "中华优秀传统文化国际传播"关键词聚类图谱

资料来源：作者使用CiteSpac软件自制

图2-3共形成了10组关键词聚类，具体如下。#0国际传播，包含国际传播、中华文化、人类命运共同体、文化软实力、文化传播等关键词，在这个聚类中，研究者们注重对中华文化和人类命运共同体理念国际传播的研究，探讨其对提升国家文化软实力的重要作用。#1武术，包含武术、文化、传播、身份认同、归化等关键词，在这个聚类中，研究者们把武术作为对外传播的重点，提高对自身的文化认同感。#2中华文化，包含中华文化、对外传播、主体互动、文化交流、融合创新等关键词，在这个聚类中，研究者们聚焦传统文化的融合创新，不再单一地输送传统文化，更加注重文化互动。#3文化传播，包含文化传播、传播模式、体育传播、传播理念、国际传播等关键词，在这个聚类中，研究者们更加注重传播方式的科学性，以科学的理念指导文化的对外传播。#4软实力，包含软实力、传播力、影响力、东南亚国家、应用水平等关键词，在这个聚类中，研究者们着重对中华优秀传统文化的对外影响力展开研究，具体研究传统文化在东南亚国家产生的效果。#5"一带一路"，包含"一带一路"、体育管理、传播策略、体育文化、中国文化，在这个聚类中，研究者们聚焦"一带一路"，研究在"一带一路"项目进程中的文化传播效果，分析体育外交在对外传播中产生的效果。#6文化自信，包含文化自信、传统文化、中国电影、中国文化建设、大历史观等关键词，该聚类出现的时间较近，随着一系列保护传统文化政策的施行，文化自信不断增强，在这个聚类中，研究者们从前期研究实践中积累经验，对自身文化的定位发生变化，在文化自信和文化自觉的影响下，推动多元文化对外传播。#7中国故事，包含中国故事、国际表达、守正创新、正确义利观、中国价值等关键词，党的十八大以来，习近平总书记在多次讲话中提出国际传播要讲好中国故事，在这个聚类中，研究者们立足中国视角，研究了如何从传统文化入手，实现中国故事的国际表达。#8孔子学院，包含孔子学院、新路径、武术文化、和谐中国、语言传播等关键词，在这个聚类中，研究者们探讨了孔子学院在对外传播汉语、武术等传统文化，对外建构和谐中国方面做出的贡献。#9传统武术，包含传统武术、竞技武术、学校武术、国际传播等关键词，在这个聚类中，研究者们从体育学角度分析了不同的武术类别对国际传播的积极作用。

　　我们可以进一步将10组关键词聚类提炼概括为三个主题范围：中华优秀

传统文化的对外传播要素、中华文化国际传播策略分析、文化软实力的提升。

1. 中华优秀传统文化的对外传播要素

其中包括#1武术、#5"一带一路"、#8孔子学院、#9传统武术四个聚类。中华优秀传统文化是一个博大精深的有机整体，它涵盖物质文化、制度文化以及思想文化等多方面，在对外传播过程中，不同领域的学者提供了不同的研究成果。当前关于中华优秀传统文化的对外传播主要包括武术传播以及依托"一带一路"项目和孔子学院进行汉语、艺术等多方面的传播。

武术作为重要的民族传统体育文化，它的对外传播将极大展现中国传统文化的风采。刘军指出，作为中国传统文化的重要组成部分，武术拥有完整的文化意识形态，它体现了中国传统文化中的各种积极要素，"内外合一，形神兼备""太极""重劲轻力"等理念体现着中国传统文化的精髓所在。[①]郭玉成认为，武术属于文化的一部分，它高于体育，依托中国传统文化形成了注重道德修养和整体合一的教练原则，武术不仅能让学习者理解中国文化的多样特色，而且有利于人类进步，它融合了中国传统医学、哲学、兵法等思想，能够让锻炼者自觉将和平理念内化为行为准则，在教育方面也发挥着重要作用。[②]也有学者研究具体的武术项目，提出太极拳在经过一系列的创新发展后，充分融合拳理、医理、哲理，成为一项融修身、养性、健身、娱乐为一体的传统武术，人与自然、人与社会、人与人和谐相处的世界观均能在太极拳的健身理念中体现出来，充分彰显了中华传统文化的卓越性，在国外多个场合成为中国形象的代名词，为对外推广我国传统文化，提高文化软实力提供了重要支持。[③]武术作为中国传统文化的集大成者，在中国文化"走出去"过程中发挥了重要的战略作用，汲智勇创造性地提出武术动漫化这一概念，利用动漫建构武术的文化意义，以塑造武术动漫形象的方式对外传播民族精神、文化内涵，借助多样的武术动漫元素提升海外受众对武术文化以及中国传统文化的接受度和认

---

① 刘军. 刍议武术文化的国际传播[J]. 北京体育大学学报, 2004(01): 31-32.

② 郭玉成. 武术传播的文化自觉：从走出传统到发现传统[J]. 中国体育科技, 2007(01): 25-28.

③ 孙喜莲, 余晓惠, 梅林琦, 等. 太极拳的国际传播与中国软实力的提升[J]. 武汉体育学院学报, 2008(06): 72-75.

同感①。

"一带一路"不仅是我国主张的经济合作倡议，也是一个立足传统文化的文化战略，可以说"一带一路"的灵魂是文化。学者们围绕"一带一路"所传播的中医药文化、茶文化等展开了深入研究。隗斌贤指出"一带一路"是立足古丝绸之路精神发展起来的，通过与"一带一路"共建国家进行文化交流可以增强倡议的吸引力，"一带一路"沿线有包括中华文明、美索不达米亚文明、印度文明、两河文明、埃及文明等在内的文明系统，具有多方共性，对中国传统文化具有较高的包容性。②李玫姬认为"一带一路"共同愿景的发布为中医药文化的对外传播提供了稳定的政治环境，一方面降低了传播过程中产生的风险，另一方面有利于中医药文化发挥良好的效果，在传播中提高了不同文化交流、碰撞的机会，为扩大中医药文化的影响力提供了稳固的外部条件。③方彩琴提出"一带一路"确立了茶文化国际传播的目标，首先在塞尔维亚诺维萨德大学成立以传播茶文化为特色的孔子学院，其次设立茶文化宣传项目，挖掘"一带一路"共建国家历史，编写茶文化教材，最后是面向"一带一路"共建国家翻译国内优秀茶文化作品，建立茶文化国际传播平台，开发茶文化旅游，借助多种形式推动茶文化在共建国家落地生根。④

孔子学院是由中国与国外机构合作在海外设立的用以在全国范围内推广汉语、传播中国传统文化的交流机构，最早在2004年6月在韩国首尔成立第一所孔子学院。周芸认为孔子学院作为一个社会公益机构向世界人民提供了一个学习汉语的机会，它聚集了很多优秀的汉语教师，在教学过程中极大地促进了中国传统文化的传播，中国的传统书法、戏剧、服饰等被越来越多的学员所了解，对中国软实力的提升和国际正面形象的构建发挥了推动作用。⑤崔希亮

① 汲智勇.武术动漫：武术文化国际传播的新路径 [J].南京体育学院学报（社会科学版），2010，24（06）：76-79.

② 隗斌贤."一带一路"背景下文化传播与交流合作战略及其对策 [J].浙江学刊，2016（02）：214-219.

③ 李玫姬."一带一路"战略背景下中医药文化国际传播的机遇、挑战与对策 [J].学术论坛，2016，（04）：130-133，180.

④ 方彩琴."一带一路"背景下中国茶文化的国际传播 [J].福建茶叶，2015，37（04）：49-52.

⑤ 周芸.从国际形象视角看孔子学院在美国语言传播的发展 [J].云南行政学院学报，2012，14（06）：161-163.

指出，孔子学院遍布亚洲、欧洲、非洲、美洲、大洋洲的多个国家，既激发了世界人民学习汉语的热情，又创新了以汉语为第二语言的教学，各个国家的孔子学院有基于本地特色的教学模式和教学内容，文化周、电影周、武术教学、烹饪体验等活动在潜移默化中传播了传统文化，推动了汉语国际教育的多样化。①许琳认为，孔子学院在教授汉语、传播中华文化的过程中实际上也发挥了桥梁作用，推动了中国与各国在政治、经济、外交等方面的交流，已经成为向世界各国展现中国形象的重要平台。②吴瑛认为，孔子学院向世界传播的是中国传统儒家思想中具有世界价值和现代意义的传统文化，它区别于其他国家的文化内容，既体现了中国传统文化的精华，又代表了中国的文化底蕴和软实力，具有极高的现代价值③。

2. 中华文化国际传播策略

其中包括#0国际传播、#2中华文化、#3文化传播中三个聚类。当前世界各国共处一个地球村，随着全球化进程的加速，中国的对外文化交流也越来越频繁，如何有效的对外传播中华文化，是当前学术研究的热门话题，围绕中华文化的对外传播，学者们提出了不同的应对策略。王莹提出，中国要掌握国际传播的主动权，打造本国主导的传播平台，围绕中华优秀传统文化的特点策划专业演出、对外展览，更好地吸引世界目光。④朱瑞平、张春燕创造性地提出中华文化国际传播的四原则，一是坚持代表性原则，选择中华文化中最有特点、最体现基本全貌的内容；二是坚持现代性原则，所选传统文化必须体现当代价值；三是坚持普遍性原则，传播在各国、各民族具有共性的中华文化；四是坚持供需结合原则，充分考虑受众的需求，协调好传播者与接受者的关系。⑤郭玉成、刘韬光认为，对外传播中华文化的前提是展现中国国民形象，根本是弘扬中华文化精神，核心是构建中国国家文化形象，树立高度的文化自

① 崔希亮. 汉语国际教育"三教"问题的核心与基础[J]. 世界汉语教学, 2010, 24（01）: 73-81.
② 许琳. 汉语国际推广的形势和任务[J]. 世界汉语教学, 2007（02）: 106-110.
③ 吴瑛. 对孔子学院中国文化传播战略的反思[J]. 学术论坛, 2009, 32（07）: 141-145.
④ 王莹. 文化自信与中华优秀传统文化的对外传播[J]. 广东社会科学, 2017（05）: 75-81.
⑤ 朱瑞平, 张春燕. 汉语国际教育背景下文化传播内容选择的原则[J]. 云南师范大学学报（哲学社会科学版）, 2016, 48（01）: 47-53.

觉，通过多方合力，共同推动中华文化的国际传播。[①]王艳红、秦宗财指出要立足世界共同文化内涵，创造丰富的价值意蕴，创设具有特色的语言符号，避免平铺直叙，提高国际受众的接受度，同时要坚持民族主体自觉性，通过文化创新、科技创新、媒体创新、人才创新，将民族特色与时代价值结合，形成各国民众普遍接受的文化共同体[②]。

3. 文化软实力的提升

其中包括#4软实力、#6文化自信、#7中国故事三个聚类。软实力这一概念最早是由哈佛大学肯尼迪政府学院的教授约瑟夫·奈提出的，在他看来，一个国家的综合实力，既包括由经济、军事、科技等表现出来的"硬实力"，也包括以文化、价值观、外交政策体现出来的"软实力"。[③]提升文化软实力首要的就是坚定文化自信，文化自信恰恰源于中华优秀传统文化的支撑。习近平总书记在讲话中提到："我们坚定文化自信的坚实根基和突出优势，就在于中国优秀传统文化。博大精深的中华优秀传统文化、中国人几千年来积累的知识智慧和理性思辨，是我们最深厚的软实力"。[④]刘晓丽、孙爱芹从四个方面概括了提升文化软实力的应对之策，一是要积极学习国外的成功经验，借鉴美国发展文化产业的措施发展本国文化产业，并积极开拓国外市场；二是要提取传统文化中的精华部分，树立创新意识，构建现代文化生态环境，构建具有普适性的文化价值体系；三是要挖掘传统文化中的有利因素并推动传统文化时代化；四是要加强对传统文化资源的保护，确保文化符号的传递。[⑤]赵跃提出要加大政策支持力度，发挥文化立国的重要性，开放整合文化资源，通过政策扶持，推动文化事业和文化产业的发展，对面临困境的文化资源给予政策倾斜，在国家支持下形成系统化规模。[⑥]孙绍勇、陈锡喜提出构建多维一体的文化传

① 郭玉成, 刘韬光. 文化强国视域下武术国际传播方略 [J]. 成都体育学院学报, 2012, 38 (04): 7-11, 21.

② 王艳红, 秦宗财. 文化带传统文旅品牌的形象塑造与国际传播 [J]. 安徽师范大学学报 (人文社会科学版), 2020, 48 (02): 107-114.

③ 赵长茂. 软实力支撑中国崛起 [J]. 西部财会, 2005 (11): 50-51.

④ 高长武. 中国优秀传统文化的价值定位 [N]. 光明日报, 2016-09-05.

⑤ 刘晓丽, 孙爱芹. 从中国传统文化的弘扬看中国文化软实力的提升 [J]. 当代世界与社会主义, 2012 (03): 27-30.

⑥ 赵跃. 本土化与全球化的交融——中国传统文化走出去问题探析 [J]. 理论学刊, 2014 (02): 124-127.

播格局，发挥传统文化的传播合力，彰显中国传统文化的现代价值，进而塑造国家文化软实力。[①]王光宇聚焦提升能力和锻造机能，指出要锻炼话语陈情能力和说理能力，设置反馈监测系统和评价机能，讲好中国故事。[②]

结论：通过对上文中华优秀传统文化国际传播可视化分析可以得出以下结论。

（1）中华优秀传统文化的国际传播研究热点出现较早，前期学术界关注度较低，研究成果较少，随着国际形势的发展以及各项政策的出台，2010年开始明显上升，在2013年开始进入稳步上升阶段，但是从整体上看研究数量较少，研究深度和广度也存在不足，尚未形成成熟的研究体系。

（2）从发文作者和发文机构来看，尚未形成核心机构和核心作者，发文比较多的机构或者学者也没有超过10篇的，可见针对这个问题研究的领军人物还未显现，未来有成长空间。

（3）中华优秀传统文化是一个内涵极为丰富的议题，从当前的研究成果来看，研究侧重于对传统文化具体构成要素的分析，对传统文化的整体性研究较少，从关键词聚类来看，研究热点广且比较分散，对传统文化中某一个具体要素的分析过于细致，缺少宏观层面的研究，研究内容需要进一步系统化，且当前研究大多从物质文化层面出发，对制度文化和思想文化研究投入力度不足。在对外传播过程中存在文化误读，没有做好传统文化的解读，不能真正与国际接轨。

未来关于中华优秀传统文化的国际传播研究应该从以下几个方面深化拓展。

一是在理论方面拓宽选题范围，处理好传统文化整体和局部的关系，做好内涵界定，统筹做好跨学科的理论建构，以集群的形式做好不同类别传统文化的国际传播，做好对国际传播的议题设置。二是要加强对传播中自身主体意识和合作思维的研究。增强传播主动性，从被动反击转变为主动出击，积极设置体现中国主体的议题，融通中外，树立合作思维，借助"一带一路"、孔子学院做好中外话语共同体的构建，以进一步提升传统文化在国际传播中的影

① 孙绍勇、陈锡喜. 反思、转换、优化：传统文化对中国梦国际传播的话语调适 [J]. 求索, 2017 (05)：196-201.

② 王光宇. 文化传播视阈下讲好中国故事的路径探析 [J]. 人民论坛·学术前沿, 2019 (07)：84-87.

响力。三是要针对传播环境和受众的不同实施精准传播，分国别、分民族做好不同文化的输出，未来的研究需要在不同国家地区的历史文化传统和传播媒介方面深入挖掘，同时拓宽研究视野，创设跨学科合作平台，做好历史学、宗教学、语言学与传统文化国际传播的融合，分析不同阶层的受众，做好差异化传播研究。四是在研究方法上由经验为主转变为实证优先，注重现实应用研究，减少理论性的重复研究，做好定量分析，引入数据模型、计算机分析等研究方法，提高研究的说服力和研究深度，注重对传播实践的后续跟踪，定期回访，及时总结阶段力成果，积极调整传播策略。

综上所述，笔者基于CNKI中国学术期刊，利用CiteSpace软件对中华优秀传统文化在2000年至2021年的国际传播相关文献进行了可视化分析，总结了当前的研究热点以及未来研究趋势。在全球化的背景下，国际交流与国际合作日益频繁，面对多元文化入侵，传统文化的国际传播刻不容缓。"一带一路"倡议和孔子学院的设立极大地促进了传统文化的国际传播，当前相关研究也取得一定成效，未来应该在理论选题、合作传播、受众分析、研究方法层面深入研究，更好地对外讲好中国故事，提升文化软实力，发挥传统文化在国际传播中的影响力。

2.3 国外关于软实力视域下中华传统文化国际传播的研究

2.3.1 研究发文总体趋势

通过在web of science 数据库筛选，对"Chinese culture& International Communication"和"Chinese culture & soft power"两组关键词搜集分析，最后得到214篇文献，根据web of science网站统计，得到图2-4，由图2-4可以看到，在国外，对中国文化国际传播和中国文化软实力的研究始于2002年，直至2021年文献数量呈波动上升趋势，到2015年出现了一个小峰值，数量为16篇；此后文献数量继续波动性上升，直至2021年文献数量高达38篇，说明此期间国外对中国文化的研究热度持续上升，研究成果显著。

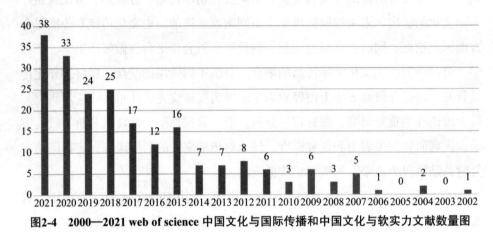

图2-4　2000—2021 web of science 中国文化与国际传播和中国文化与软实力文献数量图

资料来源：作者使用CiteSpac软件自制

2.3.2 研究机构和作者基本数据分析

依据国外文献的载文量，通过Citespace软件分析，得到图2-5国外研究机构的合作网络。从图2-5可以看到，合作网络以California State University System、University of California System、State University System of Florida、Ministry of Education & Science of Ukraine、Russian Academy of Sciences、ARQUS大学联盟等大学或联盟为核心，周边诸多其他高校围绕，支点链接，形成了较为显著的合作网络，具有较强的辐射性，是研究中国文化与国际传播、中国文化与软实力的核心阵地。

对web of science核心合集中的文献进行Citespace分析，探究国外的中国文化与国际传播、中国文化与软实力研究领域学者分布及合作关系，具体来看，对该研究领域的作者进行合作关系研究，可以把握该领域研究的内部合作状况，得到图2-6。连线表示作者合作之间的亲疏，从图中可以看到，该研究领域的研究者整体上呈现分散的状态，局部形成了合作关系网络，形成较为稳固的合作网络。其中，较为明显的是以Nadeem，Muhanad Umar、Kupka，Bernd、Mccarthy，Kathleen M、Komlodi，Anita等作者为核心的局部合作网络。

图 2-5　国外研究机构的合作网络

资料来源：作者使用CiteSpac软件自制

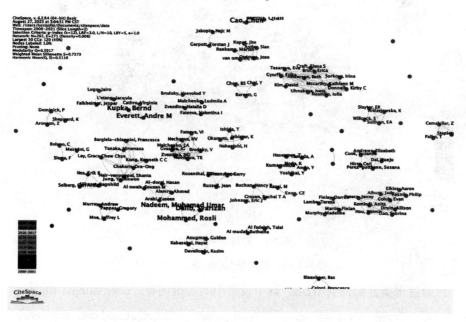

图2-6　国外研究主要作者图谱

资料来源：作者使用CiteSpac软件自制

2.3.3 研究热点和趋势的可视化探讨

关键词是一篇论文核心的凝练，是该论文最能说明问题、代表其论文特征的词语，通过Citespace软件对国外文献进行高频关键词的提取和分析，得出184个关键词，据此生成国外对中国文化与国际传播、中国文化与软实力的研究热点，并进行可视化分析，得到图2-7。可以看出，以"communication""culture""intercultural communication""soft power"为核心的关键词之间的关系网络联系紧密，具有稳固的网络联系。

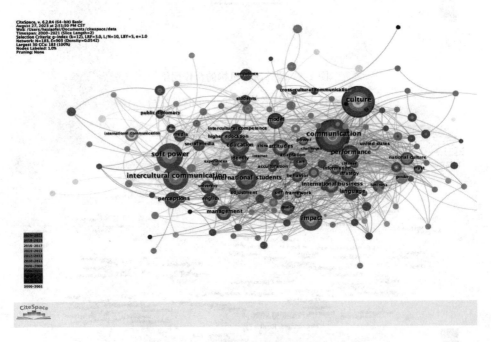

图2-7 关键词共现网络

资料来源：作者使用CiteSpac软件自制

通过聚类分析得到图2-8，其中较集中的关键词有"international students""trust""crisis communication""soft power""intercultural communication""international advertising"。

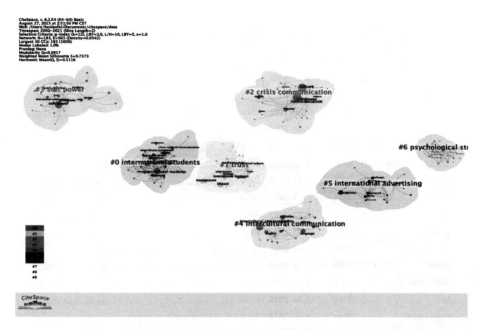

图2-8 中国文化与国际传播和中国文化与软实力关键词聚类

通过CiteSpace进行聚类后的"突变词探测",绘制2000年至2021年出现的25个突现词(如图2-9所示)。其中,Strength表示突现强度,Begin表示突现性开始年份,End表示突现性终止年份。首先,历史上突现强度最高的关键词是"higher education",Strength值达到3.32,起始突现时间在2017年。其次,"Chinese""culture""rise""performance""soft power""consequences""organizational culture""university""perceptions"等关键词一度备受关注,突现强度均大于2,但随着研究的不断精细化、成熟化,关注度有所下降。再次,2017年之后,"higher education""university""perceptions""dynamics""motivation""intercultural competence"等关键词开始得到广泛关注,跨文化传播、高等教育、感知和动机等成为研究中国文化与国际传播、中国文化与软实力的关键内容。最后,值得关注的是,"university""perceptions""intercultural competence"是持续到2021年的研究热点。可以看出,大学、认知和跨文化能力是学者们近年来关注的重点内容。

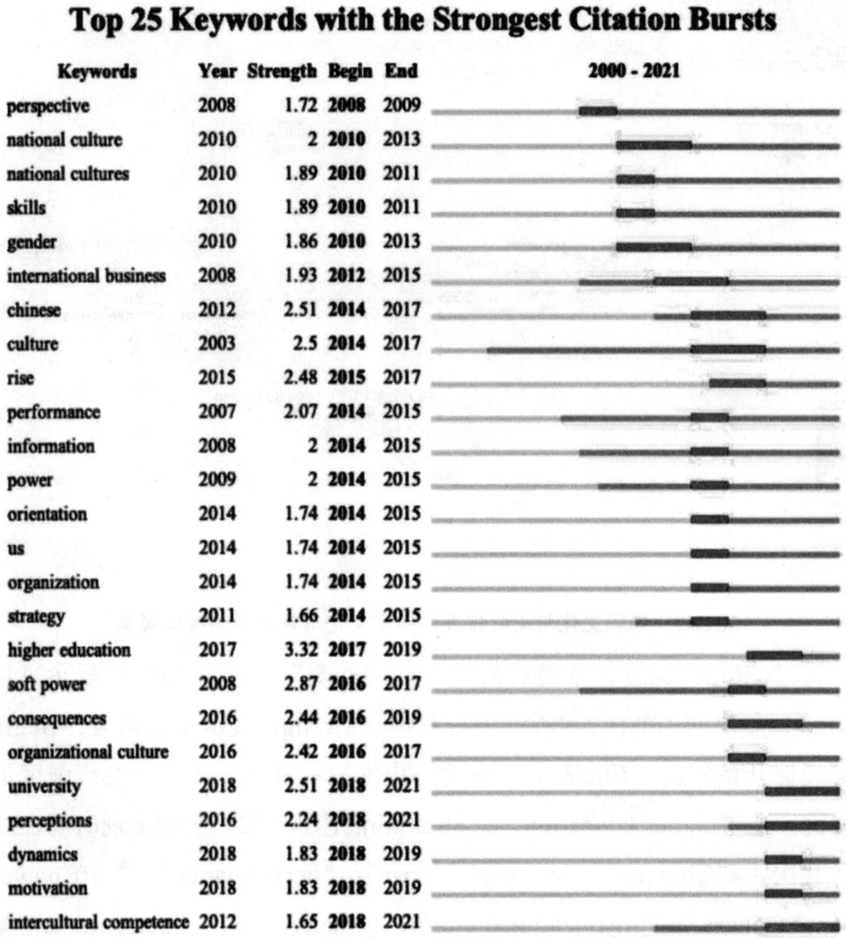

Top 25 Keywords with the Strongest Citation Bursts

Keywords	Year	Strength	Begin	End	2000 - 2021
perspective	2008	1.72	2008	2009	
national culture	2010	2	2010	2013	
national cultures	2010	1.89	2010	2011	
skills	2010	1.89	2010	2011	
gender	2010	1.86	2010	2013	
international business	2008	1.93	2012	2015	
chinese	2012	2.51	2014	2017	
culture	2003	2.5	2014	2017	
rise	2015	2.48	2015	2017	
performance	2007	2.07	2014	2015	
information	2008	2	2014	2015	
power	2009	2	2014	2015	
orientation	2014	1.74	2014	2015	
us	2014	1.74	2014	2015	
organization	2014	1.74	2014	2015	
strategy	2011	1.66	2014	2015	
higher education	2017	3.32	2017	2019	
soft power	2008	2.87	2016	2017	
consequences	2016	2.44	2016	2019	
organizational culture	2016	2.42	2016	2017	
university	2018	2.51	2018	2021	
perceptions	2016	2.24	2018	2021	
dynamics	2018	1.83	2018	2019	
motivation	2018	1.83	2018	2019	
intercultural competence	2012	1.65	2018	2021	

图2-9 关键词突现图

资料来源：作者使用CiteSpac软件自制

综合来看，国外文献中对中华文化国际传播和软实力的研究呈现总体上升的趋势，相关的国际传播理论研究比较成熟，以高校为依托，核心教授为中心，形成了相对稳固的研究团体和合作关系网络，研究有一定的持续性和稳定性，当前最受关注的是大学、认知和跨文化能力，这也为中华优秀传统文化国家传播的后续深入研究提供了一些参考。

第3章 软实力视域下中华优秀传统文化国际传播的机遇与困境分析

3.1 软实力视域下中华优秀传统文化国际传播的机遇

文化软实力是我国民族凝聚力、创造力的重要体现，国家对中华优秀传统文化的投入力度逐年加大，相关文化产业发展、公共文化建设、文化传播与发展欣欣向荣。近年来，我国着力缓解以"非遗"为代表的中华优秀传统文化面临的创新动力不足、传播机制老化、人才稀缺等诸多问题，使文化传播与发展逐渐向创新发展转型，文化传播逐渐打破了时空限制，传播方式得到了极大改善，我国在中华优秀传统文化传播方面取得了显著的成就，得益于当今世界形势改变、科技的进步与发展、我国国际地位和综合实力的提高等，为中华优秀传统文化在国际的传播提供机遇。

3.1.1 全球化给文化多极格局发展带来传播机遇

经济全球化使各国的交往日益频繁，我国与世界的联系比以往任何时期都要紧密，与世界各国的经济文化交流正以前所未有的深度和广度加速推进，经济增长速度加快、国际贸易往来频繁、国际生产加速等多方面带动文化传播速度的加快。全球化的发展丰富了不同地域或国家的文化多样性，逐渐形成文化多极格局。多极文化格局是某一地区或国家的文化发展和演变的总体形态，受历史、经济、地理等诸多因素的影响。在文化多极格局下，给我国文化传播带来了许多发展机遇。

首先，全球化背景下形成的文化多极格局加速了世界文化交流与往来，为中华优秀传统文化的国际传播提供契机。马克思指出："过去那种地方的和民族的自给自足和闭关自守状态，被各民族的各方面的互相往来和各方面的互相依赖所代替了。物质的生产是如此，精神的生产也是如此。"①我国优秀传统文化顺应时代潮流，加快走出国门的步伐，向世界展示我国的文化魅力，并不断虚心学习并引进各个国家的优秀文化，为中华传统优秀文化增加吸引力，增强丰富性和创新性，同时也增强文化自信。文化的交流与融合带来文化自信的同时，也给文化传播提供了新机遇，我国主动与世界相联系，紧跟时代发展步伐，并融入全球发展。五千年历史沉淀形成的独特文化风格、深厚的文化底蕴，也影响着文化传播途径与传播方式。中华优秀传统文化具有多样性，表现形式多元化，传播方式与传播途径也是多元的，如"一带一路"倡议下的中原文化、中国茶文化、木雕文化等都具有独特的传播方式，已有多地区通过改变单一的文化传播方式，提升文化产品质量，打造品牌效应，通过丰厚的历史底蕴、深刻的文化价值赋予文化产品更深厚的精神价值。区别于大一统下的文化格局，多极文化格局更能体现中华优秀传统文化的深厚、独特、丰富、活力和创新，为中华优秀传统文化"走出去"提供更多的可能。

其次，全球化背景下形成的文化多极格局，为中华优秀传统文化的传播创新提供契机。21世纪以来，国际格局随着国际力量的消长再次发生变化，随着国际战略格局迎来"百年未有之大变局"，文化格局同样随之迎来大变化，我国积极参与并推动世界文化格局的形成与重塑，逐步形成的文化多极格局为我们提供了借鉴和吸收外来优秀文化的机遇，不断提升的文化交流水平，为文化传播的创新提供新思路、注入新活力、提供更广阔的途径。文化交流产生的文化创新，延续并增强了中华优秀传统文化的生命力，如由英国著名指挥家罗纳德·科普勋爵指挥，音乐书法家李斌权和新伦敦交响乐团等表演的"2012伦敦奥运中国书法音乐会"在英国伦敦上演，中国的书法与其他国家的音乐和舞蹈相结合，向世界展示中国书法与英国舞蹈和音乐恰到好处的融合，拓展了中

---

① 马克思恩格斯选集：第一卷［M］. 北京：人民出版社，1995：276.

国书法的领域，开创"音乐书法"新篇章。与西方优秀文化相结合，有利于形成不同于中国传统书法领域的新风格、新特色，实现中国书法艺术的进步与创新，走出国门时也更易为人所接受，延续并增强中国书法的生命力。这场书法音乐会对中国书法的创新发展、提升对外传播的接受度与增进文化认同做出优秀的示范。由此可知，文化多极格局并非一味地孤立和敌对，恰恰相反，文化多极格局能够加速文化交流与融合，为文化的创新发展提供新的机遇。

再次，随着我国综合国力的提升，国际话语权、国际地位加强，坚持实行独立自主的和平外交政策，为中华优秀传统文化营造了和平、安全的发展空间和传播的国际环境。随着综合国力和国际地位的提升，中华优秀传统文化对外影响力日益增强，对内的文化认同、文化自信、文化自觉也进一步强化。在文化多极的时代，人们认识到来自不同地区的文化的优劣，对中华优秀传统文化具有更加清晰的认知[1]，同时也感受到来自其他国家文化的威胁，从而在反面形成文化自觉。文化的传播离不开自身的文化自觉和文化自信，没有文化自觉和文化自信就没有文化传播的自信，国际地位的提升、中华优秀传统文化的魅力、"一带一路"倡议的成功实施和蓬勃发展等诸多因素坚定了人们的文化自信，壮大了中华优秀传统文化传播事业的队伍。

最后，党和政府十分重视中华优秀传统文化，为中华优秀传统文化的国际传播注入了强大的力量源泉。我国聚焦"一带一路"的历史文化遗产，筛选有重大意义的项目，积极向联合国教科文组织申报"世界非物质文化遗产"，如2022年"中国传统制茶技艺及其相关习俗"被成功收入人类非物质文化遗产代表作名录，2023年7月28日国务院新闻办公室举行的"权威部门话开局"系列主题新闻发布会上，国家文物局局长李群表示，2023年全力争取"普洱景迈山古茶林文化景观"的申遗。申遗成功不仅意味着优秀传统文化得到了保护，更意味着为其扩大知名度，使其具有更宽阔的发展前景，坚持争取申遗展现了国家对优秀传统文化的重视与保护的决心。除此之外，国家对非物质文化遗产的资金投入、文化保护力度也逐年加大、保护"非遗"的相关法律不断完善。在"一带一路"倡议下，多地开展文化传承教育讲座、"非遗"技能培训，许

---

[1]　吴莉.文化多元视域下少数民族文化对外交流研究[J].贵州民族研究，2016，37（11）：74-77.

多外国人也加入"非遗"技能学习的行列，不断增强着"非遗"文化的影响力和传播力。

3.1.2 全媒体背景下多元渠道带来的传播机遇

新技术革命的深入发展带动了新传播技术的发展，全媒体为中华优秀传统文化的国际传播搭建广阔的技术平台。全媒体是一种媒体形式，包括文字、图像、视频音频等多种形式，是多种单一形式媒介的泛称与综括，将其应用于中华优秀传统文化的传播更是如虎添翼。全媒体基于大数据、5G技术、云计算、区块链等先进技术，为中华优秀传统文化的国际传播提供了强大的技术支持，随着报纸、广播、影视等大众传媒深化普及，网络技术、计算机技术的广泛应用缩短了文化传播的距离，打破了文化传播壁垒，逐渐成为文化传播的重要力量，助力实现中华优秀传统文化大众化、时代化。

以信息源的文化背景和根基为起点的优秀传统文化传播方式，增强优秀传统文化的丰富性。多地利用互联网和新媒体技术采用线上线下相结合、与影视文化相结合等方式丰富着优秀传统文化的传播途径，中华优秀传统文化与新技术的结合，提升了我国文化传播的能力和影响力。多样的文化传播渠道丰富着中华优秀传统文化，同样也突破时间和空间的限制走向海外。为提高中华优秀传统文化传播的接受度，创作者不仅熟知当地文化还需要了解传播目标地的风土人情，文化侧重点要因地制宜。既要传播优秀传统文化，也要关注目标地的真实需求，许多电视剧进入海外都会根据当地的文化、风俗习惯等进行改编、删减，以此使文化传播具有因地制宜的特性。

全媒体的多样性使展示中华优秀传统文化、讲好中国故事更具全面性、立体性。传播学者卡尔·霍夫兰认为，传播学研究的目的在于寻找说服的定律，说服定律之一就是要善于运用两面性，即把传播内容的好与坏两方面传达给传播对象以增强传播内容的说服力。也就是说，提高中华优秀传统文化的说服力也就可能提高其接受和认可程度。全媒体具有多样的传播形式，给予传播者多样性的传播渠道。文化并不是独立存在的，文化的传播能够带动多产业的发展，产业的发展又催生新的文化，为中华优秀传统文化注入新的活力。

全媒体具有即时互动性，即时互动性的传播方式疏通了中华优秀传统文化交流与融合的渠道。全媒体背景下，传播者使用相关的传播互动平台发布或分享中华优秀传统文化的相关信息，实现不同国家和地区的双向互动，同时，传播者还可以依据流量反馈、互动评论等，判断当地民众的喜好，及时调整传播内容，如具体的视频音频编排、传播方式、传播方案等。全媒体所具备的即时互动性，使文化传播者在传播当地不再困于等待受传者接纳的被动地位，而是能够根据受传者的反馈情况及时调整传播策略和方案，以中华优秀传统文化为内容，中华优秀传统文化的传播为目的，以受众为中心点，传播者通过全媒体不断提高中华优秀传统文化国际传播的精准度、有效度。全媒体具有即时性，可以使传播者了解受众的喜好和需求，促进中华优秀传统文化的传播形式、传播内容等不断更新，保持与时俱进。既能够实现中华优秀传统文化顺畅地"走出去"，也可以让受传者真正接受、喜爱甚至受益于它。同样，在全媒体时代，受众也并不是被动的，而是主动地筛选或选择信息，且可供选择的信息更加丰富多样。这样双向互动的传播方式，为中华优秀传统文化的传播降低了阻碍。

3.1.3 人类命运共同体框架下带来的传播机遇

"构建人类命运共同体"是世界人民的共同祈盼与福祉，展现出我国的远见卓识和宽广的人类情怀，从全人类的共同利益出发，思考世界发展的前途与命运，"构建人类命运共同体"具有伟大而深刻的意义。自2012年11月"构建人类命运共同体"提出以来，我国积极开展与世界各国的文化交流与融合，朝着构建开放、包容、进步的人类文化的方向努力，人类命运共同体为文化的交流互鉴和传播、提升国家文化软实力带来新的机遇。

人类命运共同体的提出和构建过程也在传播着中华优秀传统文化。人类命运共同体深深根植并弘扬了我国古代思想文化，体现着深厚的哲学智慧。儒家思想中的"仁"、道家的"玄同"等为人类命运共同体的构建提供了思想道德基础。《陆九渊集·卷三十二·拾遗》中，"与众人焉共近乎仁，则其浸灌熏陶之厚，规切磨砺之益，吾知其与独为之者大不侔矣"讲的就是孤立并不会带来进步，坚持合作才会实现价值。《道德经·第五十六章》中有，"塞其兑，闭其门，挫其锐，解其纷，和其光，同其尘，是谓玄同"。虽然含有形而上的片面性，但深究其中，"玄同"并非是僵化的，而是在"玄同"体系下不断发展的，这意味着人类命运共同体的提出与实践、体系的构建、理论的发展等同样也是不断发展和进步的。人类命运共同体是对马克思主义共同体思想的发展，体现着鲜明的中国特色，是中国化的马克思主义，而中国特色又来自中华优秀传统文化，2021年3月22日，习近平总书记在福建省武夷山市考察时指出："我们走中国特色社会主义道路，一定要推进马克思主义中国化。如果没有中华5000年文明，哪里有什么中国特色？如果不是中国特色，哪有我们今天这么成功的中国特色社会主义道路？我们要特别重视挖掘中华5000年文明中的精华，把弘扬优秀传统文化同马克思主义立场观点方法结合起来，坚定不移走中国特色社会主义道路。"①

多地积极响应"一带一路"倡议，为中华优秀传统文化的国际传播提供了优良的政治环境。中国在新的国际环境和国际局势下与其他各国的交流日益频繁、紧密，中华优秀传统文化的对外活动、建设交流平台增多，不断提升着中华优秀传统文化的传播力。比如，孔子学院的建设与发展，及其相关合作平台的建立，为中华优秀传统文化搭建了交流互鉴、友好往来的语言学习平台，为汉语言教育的传播提供多样的传播渠道。同时，我国还注重加强来华留学生的汉语教育，减少语言交流阻碍，实现深层交流，培养一批优秀国外汉语人才。

从民间传播与交流的角度看，中华优秀传统文化的国际传播效果优良，民间和国家力量的共同参与，中华优秀传统文化的国际传播力量强盛，多元主体的参与，中华优秀传统文化具体实践活动增多，传播渠道和传播方式也趋向多元化②，打破以往单一的传播主体，逐渐实现多元传播主体参与，从多方面充分增强传播信心，逐渐形成良好的文化传播氛围，人类命运共同体背景下催生的中华优秀传统文化共同体，区别于"大一统"的文化格局，形成"你中有

① 习近平.必须坚持守正创新[J].求是，2023（23）.
② 孙利军，高金萍.人类命运共同体全球传播范式与实践取径[J].湖南大学学报（社会科学版），2023，37（04）：154-160.

我，我中有你"的多元主体的一体文化格局。此外，以全媒体技术创新带动传播技术的提升，为中华优秀传统文化的国家传播提供了技术支持和科技保障。

3.2 软实力视域下中华优秀传统文化国际传播的困境

国家与国家之间除了有文化交流与融合，文化竞争也成为国与国之间竞争的重要内容。尽管我国在中华优秀传统文化的国际传播方面已经取得的成就不胜枚举，但目前自身仍存在无法满足群体差异、文化差异、文化冲突、双向传播不足、单一性明显、受全媒体自身的短板制约等困境。对外的国际传播还面临着西方主导的媒介垄断和西方价值观念阻碍，我国文化对外传播机制的说教色彩浓重、缺少有影响力的文化产品与服务等困境限制着中华优秀传统文化的国际传播和我国文化软实力的提升，文化国际竞争力仍存在诸多挑战。

3.2.1 西方主导的媒介垄断和西方价值观念阻碍中华文化传播

受众商品是指针对特定的消费群体的社交需求、情感需求或其他实际需求而设计和生产的商品，这类消费群体就称为受众，这就是传播政治经济学领域的开拓者达拉斯·斯麦兹提出的批判理论——受众商品论。随着全媒体的发展，媒介或媒体拥有越来越多的使用群体，随之带来的就是能够即时反映受众需求的流量信息，这些流量信息逐渐成为生产者竞争的宝贵资源。为了获取当下流行趋势等能够满足受众需求的信息，获得更多的受众和消费者，进而增加商品的利润，商品生产者不得不采取和媒介合作的方式，即购买媒介或媒体的内容或版位，获取流量信息。庞大的流量也在媒介或媒体与受众商品生产者谈判和交易的过程中趋向商品化。为获得更多的利润，媒体选择兼并或扩张，形成更大的媒体集团，达到一定程度就形成垄断，越多的流量就意味着越高的商业价值。随着媒介技术的进一步发展，媒介垄断的能力也进一步增强。①

---

① 陈敏直. 新技术融合情境中的媒介垄断与异化[J]. 当代传播, 2012 (03)：26-28.

垄断媒体事实上也是文化霸权，西方主导的媒介垄断体现着文化霸权和话语权垄断，以及文化渗透。文化霸权就是某个或某些国家将其价值观、物质生活方式等观念通过多种方式加以推行，垄断媒体是最为普遍且有效的方式，以巩固自身在国际上的文化话语权、文化发展权等的支配地位。美国早已认识到文化和文化传播的重要性。自新冠疫情发生以来，美国、英国等许多西方媒体无视、歪曲中国在疫情期间做出的努力，英国《每日电讯报》发表的文章标题为"新冠肺炎意味着我们要把中国作为敌人对待"，企图引起英国政府和英国人民对中国的敌对，目的在于阻碍中国的发展。文化渗透是以媒介或跨国公司等为载体，向其他国家输出自己的文化。虽然迪士尼电影《花木兰》保留了服化道具等中国元素、儒家传统的忠孝仁义等中国传统优秀文化，但仍保留着美国的个人英雄主义风格。媒介垄断带来的文化霸权和文化渗透占领"舆论高地"的负面影响不可小觑，它威胁着我们实现祖国统一、增强文化自信的美好愿望。如果我们任由一些西方国家进行文化霸权，那么我们将行他之所行，思他之所思，被文化殖民，彻底沦为西方文化的奴隶，后果是非常可怕的。因此，我们必须时刻警惕以美国为首的西方国家对中国进行的文化霸权和文化渗透。

　　因而，我们要及时认识到当前中华优秀传统文化对外传播的不足，加以改正和完善，提高人民群众尤其是青少年群体的文化认同、文化自信和文化自觉。

　　尽管在国际上我国的文化软实力和话语权有所提升，中华优秀传统文化得到越来越多国家人民的欢迎和喜爱，但西方为主导的价值观仍然限制其传播。民粹主义、极端主义、历史虚无主义等不同的社会思潮仍存在于我们的日常生活中，当前影响中华优秀传统文化传播的不良价值观主要是历史虚无主义和文化复古主义。历史虚无主义是指忽视历史事实盲目否定人类社会的发展历程，否定所有历史的思想。历史虚无主义的本质是带有恶劣政治意图的思潮，目的在于否认历史文明、否认历史文化。当前许多西方国家的学者认为应相信实物考古的结果而非通过历史记载的古书典籍，进而否认流传已久的史书，更有甚者，认为中华上下五千年的说法是伪造的。文化复古主义是一种对待中华文化妄自尊大的心态，是一种缺乏与时俱进的进取精神的思潮。其带来的后果是故步自封，拒绝接受新文化和外来文化，使得文化发展止步不前，阻碍文化更好地传播。

3.2.2 我国文化对外传播机制的叙事说教色彩浓重

"说教"一词最早出自《汉书·儒林传·梁丘贺》中的"待诏黄门数入说教侍中，以召贺"，意为以一种较高的姿态讲空洞的、脱离实际的枯燥的道理，一般属于伦理行为。另一个意思是宣传宗教教义等，属于宗教行为。此处所说的中华优秀传统文化传播机制的叙事说教色彩中"说教"的意思属于前者。

对外传播机制产生的说教行为主要有历史因素和心理因素。一方面为历史因素。东汉以来，"三纲五常"逐渐成为封建专制统治的工具，以及以"三纲五常"为主的延续了近两千年的儒家思想逐渐成为中国人的思想基因，尽管儒家思想有许多优势流传至今，但存在的等级森严、理念古板，思想保守且缺乏进取和探索精神等仍然深刻影响着现代中国人的思想行为，在文化传播过程中，容易变成上课、讲道理，难以实现传播机制的创新。另一方面为心理因素。传播者容易模糊与受传者的边界，比如部分传播者认为将文化传播出去受传者就一定要接受、认可，逐渐将受传者物化，忽视了受传者是独立的个体，具有自主选择的权利。除此以外，部分传播者混淆了文化传播过程教化和说教的不同功能。"教化"意为《诗·周南·关雎序》所说的"政以体化，教以效化，民以风化"，泛指通过环境影响，倾向于潜移默化，润物细无声的影响。相比于说教，传播方式更加柔和，但传播者在具体实践过程中极易混淆二者的意思，教化的实现需要经历一个漫长的过程，而说教的实现主动权更多地在传播者一侧，说教与教化相比之下也更容易完成。

尽管中华优秀传统文化具有无穷魅力，但对于深受受传地文化影响的受传者，去了解它的主动性和积极性低下，更多的在于对文化的理解存在障碍。在面临受传者对中华优秀传统文化难以理解、兴趣不高的情况下，采取说教的方式可能并不会达到良好的效果，当前我国文化对外传播机制的创新性不足，除了需充分了解受传地的文化传统、风俗习惯、人文情怀等，在传播内容本身上面也要仔细下功夫，不仅要实现传播中华优秀传统文化的目标，也要体现出一定的利他性，让受传地通过接受、了解、学习中华优秀传统文化，真正得益于它，让受传地感受到这场文化传播过程完全区别于西方国家的文化侵略。因文化差异导致价值判断标准各异，其评判过程往往涉及复杂的文化认知与价值体系的互动，其判断过程也较为复杂，这里单就传播内容的改变而言，由妮基·卡罗执导的电影《花木兰》为我国中华优秀传统文化的国际传播提供了新思路。这部电影是以美国思维为核心、中国传统优秀文化为形式进行传播的，显然文化传播的受众群体是美国和中国，这两个国家的观众更加愿意购买电影票观看。但并不是说美国这样做是完全正确的，值得学习的，这部电影将花木兰女扮男装替父从军，英勇征战沙场的形象强行改变为美国文化的传播者形象，扭曲了中国传统民间故事的真实面目，否认了花木兰家国情怀、忠孝、勇敢、果决的精神，在一定程度上体现着文化霸权，但这种多元文化相结合的传播方式是值得我们借鉴和思考的。多元文化相结合并不意味着要改变中华优秀传统文化，而是既要传播中华优秀传统文化，也要尊重其他文化，实现各个文化的和谐相处，提升中华优秀传统文化的国际传播力，尊重文化多样性，增强包容性，平等地对待其他国家的文化，努力为实现全球文化繁荣发展做出贡献。此外，并非只有我国的文化对外传播机制带有说教色彩，西方某些国家更善于通过说教传播文化。我们在进行中华优秀传统文化的国际传播时，不免也会受到西方国家说教传播机制的影响，需要不断提高传播者对外来传播机制仔细判断、谨慎辨别的能力。

文化说教事实上也是在文化传播机制方面犯了经验主义的错误。"一部分经验主义的同志长期拘守于自身的片断经验，不了解理论对于革命实践的重要性，看不见革命的全局，虽然也是辛苦地——但却是盲目地在工作。"[1]一味地通过经验来认识事物，通过所谓的文化说教进行文化传播，尤其是对中华优秀传统文化，更不能一味地采用说教的方式，否则难以令人信服。中华优秀传统文化具有深刻性、独特性，仅仅通过简单的说教实现文化传播，以这样的方式传播出去的中华优秀传统文化对受传者来说可能是一头雾水。中华优秀传统文化传播采取说教的方式，事实上是忽略了实践对于完善文化传播机制的重要性，对于文化国际传播技巧、方式、途径、传播媒介认知不足，不善于利用

---

① 毛泽东. 毛泽东选集：第一卷[M]. 北京：人民出版社，1991：282.

多样化的传播途径和传播方法，对受传地或受传国家不够了解，未能意识到自身文化传播方式存在问题，对传播的文化本身不够了解，不明晰采取什么样的传播方式更适合所传播的文化特性、特点、特征，更符合受传地的特色等多方因素导致的传播机制单一，逐渐使传播文化的叙事过程被说教方式主导。说教是一种最简单直白的带有原始色彩的文化信息传播方式，并非说教式的传播是无效且粗鲁的，在特定的条件、合适的情况下，说教式传播或许是很好的传播方式，然而更好地实现信息的传达、文化的传播、讲好中国故事则需要多种技巧和方法的组合，并非以具体的某一种方式为主导，因此，在中华优秀传统文化传播机制的完善与改善中，在传播形式与内容上逐渐由单一走向多元是很有必要的。

3.2.3 我国对外文化传播中缺少有全球影响力的文化产品与服务

文化产品指的是由人类创造并提供给社会的产品，在广义上包括物质文化产品和精神文化产品，狭义上单指精神文化产品，物质文化产品指的是有形的产品，如生产工具、生活必需品等，物质文化产品通常具有精美、实用等特点，具有观赏性和实用性，因而有一定的收藏和使用价值。文化IP（Intellectual Property）类衍生品、工艺产品、创意产品等均属于物质文化产品，文化IP是随着新媒体的兴起而形成的一种文化知识产权，文化IP衍生品是将文化形象转变为具有较大影响力和代表性的文化产品。精神文化产品也称非物质文化产品，是指能够满足人们需要的心理、情感、求知等，而进行的文艺文化创作、精神活动、精神劳动等活动的产品，如书籍、音乐、艺术作品等。其特征是精神文化产品的形态是具体的实在的物质，通过物质载体提供精神文化产品内容，满足人们的精神价值追求与需要。此处所说的"文化产品"指的是广义的文化产品，也就是说中华优秀传统文化传播既需要物质文化产品也需要精神文化产品。当文化产品只用于等价交换，文化产品就具有商品的属性，称为文化商品。文化商品在市场上的流通，同样也能实现文化的国际传播。

当前我国优秀传统文化的产品种类丰富多样，主要有以苏绣为代表的刺绣工艺品、木雕、玉雕、剪纸、陶瓷器具等，且文化产品出口量大，多以工艺制品、文化器材为主，含有丰富文化内容的产品如诗词、书画、民间工艺、戏曲、戏剧等在文化产品的出口中占比较低，[①]市场需求量较小，文化产业结构也逐渐倾向工艺制品、文化器材，文化产品的出口量呈现出结构性失衡，使得文化产业同样陷入结构性失衡的现状。此外，我国对文化贸易的扶持力度逐年加大，使得我国文化产品出口量在全球文化产品市场占比增大，以及在文化贸易环境不断优化的背景下，依旧存在着大而泛、多而杂的情况，少有鲜明特色和强大影响力的文化产品。首先，国家对具有品牌影响力的文化产品、文化产业的扶持力度不够。以旗袍为例，旗袍文化在国际上相对比较热门，旗袍在国际上深受外国友人的欢迎和喜爱，但说起旗袍一线品牌，蔓楼兰、陶玉梅（TAOYUMEI）、瑞蚨祥（REFOSIAN）等在国际上的知名度相比其他国家同类型的文化品牌知名度较低，且受众范围小。蔓楼兰作为旗袍一线品牌，仅在2010年上海世博会以将高级定制的旗袍献礼世博会的形式在国际上与世界人民见面，打造国际品牌影响力的机会较少。其次，在世界当前处于百年未有之大变局的背景下，国际竞争激烈，文化贸易也不例外，英国、美国、日本等一些发达国家的文化产业具有较深厚的积累，文化产业发展得相当成熟，迪士尼（Disney）文化不论是文化产业还是文化服务业在全球都具有成熟且完整的体系，而我国在这方面是欠缺的，如方特卡通代表作主要有《十二生肖总动员》《熊出没》系列电影等，在国内已逐渐形成较完整的文化产业体系，但在国外影响力较小。最后，文化产品本身对品牌价值、文化内涵等的挖掘不够深刻，而且文化创新不足，无法形成品牌文化核心竞争力。

　　文化服务既可以是文化产品的附属，也可以是单独不以实体货品形式出现，能够满足人们文化需求的行为，有免费的文化服务，也有带有商业目的的文化服务。当前我国文化服务贸易整体出口规模较小，在总的对外贸易出口方面占比较低，与其他类型的出口贸易相比竞争力较小。有全球影响力的中华优秀传统文化产品和文化服务需要国家文化发展战略及与文化产品发展相关的扶持或激励保护政策、成熟的法律体系规范、文化产品的科技创新力多方面的因素。

---

① 徐望. 提高我国文化产品国际市场占有率和影响力的策略研究 [J]. 对外经贸, 2021（07）: 21-25.

第4章 软实力视域下中华优秀传统文化
国际传播5W分析

4.1 中华优秀传统文化国际传播的传播主体分析

关于国际传播的主体，学术界一共有三种界定，第一种是国家主体说，认为国际传播是以国家为基本单位的，政府组织是主要的信息发出者。[①]第二种是多元主体说，认为国际传播是个人、群体、政府跨越民族和国家界限进行信息传播的过程。[②]第三种是无主体表述，认为国际传播是不同国家、民族之间进行的传播，主要以人际传播和大众传播的方式进行。[③]在社会发展早期，受制于传播技术水平，在相当长的一段时间里，由国家主导国际传播的发展，也就是各国政府主导。而互联网的出现引发了国际传播中传受关系的根本转变，在国际传播中，国家和政府不再是主要的传播主体，国际传播主体发生了质变，开始从一元主体转变为多元主体，但是在这一转变过程中政府的主导性地位没有发生变化。由此可以看出，在国际传播中，传播主体不是一成不变的，它是一个动态变化的过程，传播技术从低级到高级的发展带来了国际传播主体从一元到多元的变化。在当前，国际传播主体主要分为以下四种类型：政府、企业、社会组织和个人。

---

① 郭庆光. 传播学教程 [M]. 北京: 中国人民大学出版社, 1999: 237.

② 郭可. 国际传播学导论 [M]. 上海: 复旦大学出版社, 2004: 06.

③ [美] 罗伯特·福特纳. 国际传播: 全球都市的历史、冲突及控制 [M]. 刘利群, 译. 北京: 华夏出版社, 2000: 05.

4.1.1 作为中华优秀传统文化国际传播主体的政府

作为国家行政机关，政府负责执行国家权力，在国际传播中既是信息的传播者，又是传播行为的控制者。政府的独特地位使得它在很长一段时间里始终占据主导地位，政府主导下的国际传播往往与国家利益和国家主权挂钩，因而带有浓厚的政治色彩。直到传播主体趋于多元，政府的绝对控制才有所下降，但是支配地位没有发生改变，仍然对其他传播主体起着控制作用。

政府在中华优秀传统文化国际传播中承担主要职责。一是树立良好的国际传播形象，这也是有效进行国际传播的重要前提。随着中国与世界的融合程度加深，中国形象也被各国民众所熟知，但是中国有很多西方国家以"他塑"形式塑造起来的负面形象，要想在世界范围内树立正面的国际形象，则需要从自身入手，变"他塑"为"自塑"，这在一过程中要充分发挥中华优秀传统文化的积极作用，立足多样化的传统文化，向世界人民展现丰富多彩的中华优秀传统文化，激发海外受众对中国的兴趣，进而主动来了解中国。近年来，我国开始重视海外正面形象建构的重要性，通过多种方式对外传播中国传统服饰、传统建筑、传统美食以及各民族传统歌舞艺术，在一定程度上扭转了曾经被西方国家扭曲的负面形象，但是由于僵化的管理模式和传统观念的影响，存在许多不足之处，比如传统文化对外传播的创新力度不够，陈旧的话语体系难以被国外民众接受，对此，应该充分重视中华优秀传统文化对国家形象塑造的重要意义。二是积极通过新技术手段确保国际传播的高质量。国际传播在很大程度上依赖信息技术的发展，要想在世界范围内取得良好的国际传播效果就必须要保证技术手段的先进性和硬件设施的高质量，特别是中华优秀传统文化的国际传播必须要借助先进手段，通过技术优势将中国传统文化的精髓传递到世界各地。因此政府尤其要加大对互联网发展的投入力度，加大政策、资金、技术支持，以互联网的发展优势带动中华优秀传统文化的国际传播优势。三是要加强国际传播中的合作。国际传播领域主要包括两方面的合作，一方面是与发达国家在技术上的合作，另一方面是与世界各国特别是发展中国家在国际传播秩序构建方面的合作，这是提高国际传播能力的关键，为中华优秀传统文化的国际传播创设了稳定的外部环境。

4.1.2 作为中华优秀传统文化国际传播主体的企业

企业是以盈利为目标的社会组织，在利益最大化的驱使下，企业不光会占领国内市场，也会不断开拓国外市场，对外输出自己的产品、技术和服务。在对外输出的过程中，企业需要良好的推销战略以打开外部市场，这就不可避免地要进行广告和公关方面的宣传，自然而然就形成了国际传播。

按照企业参与国际传播的范围来看，可以划分为跨国企业和非跨国企业。跨国企业是全球性的社会组织，它的经营范围覆盖整个世界。例如飞利浦、诺基亚、索尼等均属于跨国企业。跨国企业无论是对内的研发、培训活动，还是对外的广告推销、公关宣传，都具有国际传播的性质，强大的经济实力不仅使得这些企业能够自主传播企业信息，而且容易引起各国媒体的注意。这类企业进行的国际传播活动是长期和经常的，在国际信息的传播中占据着重要地位。非跨国企业则指代国内企业，主要在一个国家进行经济活动。随着市场开放程度的提高，这类企业在发展中也会偶尔有开拓国际市场的需要，即不自觉地参与国际传播活动，但是它们的国际传播具有偶然性和阶段性，不会持续大范围地进行海外发展。

按照企业的属性来看，可以分为媒体企业和非媒体企业。非媒体企业顾名思义就是不涉及媒体行业的企业。媒体企业就是涉及媒体行业的企业，这类企业再次划分又包括跨国媒体企业和非跨国媒体企业。非跨国媒体企业属于在某一国家内经营的媒体企业，首先，它们具有市场营利和公共信息载体的双重属性，它们在发挥媒体职能的过程中可能会对社会舆论产生影响，进一步影响国家社会的发展稳定大局，这就决定了政府对它们的约束，必然会通过各种法律法规、规章制度确保公司经营内容的正当性，这也让它们和普通非媒体企业区分开来。其次，这类企业的传播范围发生了变化，在早前，对内传播和对外传播界限分明，随着国际交往和互联网的出现，双方的界限逐渐模糊，对内传播也开始呈现跨国界趋势。最后，国内的这些媒体企业在意识形态方面归政府管理，它们在国际传播中往往承担传播载体的职责，传播信息带有浓厚的国家色彩，只有在对外传播娱乐、文化类信息时，才具有部分自主权，但是仍然不能脱离国家价值观的轨道。跨国媒体企业就是经营范围涉及全球的媒体企业，它在传播专业性上高于普通的跨国企业，主要以生产、传播精神产品和文化产品为主，目前世界上规模最大的跨国媒体企业主要有迪士尼公司、时代华纳公司、美国维亚康姆集团、法国维旺迪环球集团等，这些公司在传播中带有其本土的意识形态和价值观念，也是国家对外进行文化输出的一把利刃，因此它们在国际传播方面拥有无可比拟的竞争力，对世界各国的政治、经济、文化影响也是比较大的。但是它的营利性特点又决定了要以市场需求为导向，必须要提供共性文化产品，具体体现在两个方面，一是面向各个国家进行文化、新闻传播时，要采用国际通用的语言文字符号，在传播中尽量减少政治属性，寻找各方的共同关注点；二是在面向具体的某一个国家进行文化传播时，要充分了解当地国情，实现外来文化和本地文化的融合，提高当地民众的接受度，实现效益最大化，从这一层面来讲，跨国媒体企业就是专门从事国际传播的企业。

企业参与中华优秀传统文化国际传播主要有两种形式，一种是借助传统媒体，另一种则是借助互联网新媒体。借助传统媒体主要是通过付费广告或者低付费少付费的公共关系的形式开展对外传播。通过广告宣传产品或是企业形象都能在一定程度上吸引顾客，维护公共关系对企业正面形象的树立和负面形象的消解至关重要。中国各种文创产品走向国外，如冬奥会期间冰墩墩形象系列产品引发全球购买热潮就是广告和公共关系共同作用的结果。

4.1.3 作为中华优秀传统文化国际传播主体的社会组织

社会组织，又称"民间组织""非政府组织"，泛指那些在社会转型过程中由各个不同社会阶层的公民自发成立的、在一定程度上具有非营利性、非政府性和社会性特征的各种组织形式及其网络形态。[①]社会组织主要分为一般社会组织和政党组织。一般社会组织可以理解为非政府组织，在20世纪60年代

---

① 王名. 走向公民社会——我国社会组织发展的历史及趋势 [J]. 吉林大学社会科学学报, 2009, 49 (03): 5-12, 159.

开始大量出现，在全球化进程中，非政府组织抓住机遇迅速发展，并逐渐在国家社会中发挥重要作用。通常来说，发达国家的非政府组织发展程度要高于发展中国家，改革开放以来，我国政府开始重视非政府组织的作用，发展到今天已遍布各个领域。政党组织是代表某一阶级集团，为维护其利益、实现其政治主张而以执政为主要目的开展共同行动的政治组织。[①]政党组织主要聚焦政治宣传，动员民众支持本政党的思想政治路线，从而在政治立场和思想观念等方面支配民众。政党的政治宣传、舆论引导和信息传播是不可或缺的，不但影响本国政治生活，也会对世界政治格局产生影响。

　　一般社会组织即非政府组织具体分为国际性的非政府组织和主权国家的非政府组织。国际性的非政府组织由国家和地区组成，既有跨国界的区域性组织，比如东盟、欧盟，又有全球性组织，比如联合国、国际货币基金组织、世界贸易组织等。这些国际性的非政府组织会定期举办国际论坛，参与国际事务的决策，致力于解决全球性事务，同时向世界介绍自己在国际上所做的贡献，以争取舆论支持。它们的国际性身份决定了所做的舆论动员工作和信息传播工作被纳入国际传播的范畴。主权国家内部的非政府组织则将组织内成员范围限制在一国之内，包括各种专业团队、行业组织，例如各种协会、联合会、学校、图书馆等事业单位和以国际交流为目的的团队组织，例如中国人民对外友好协会、中国国际贸易促进委员会等。在中国，针对传统文化复兴建立了不同类别的传统文化协会，例如中国传统文化促进会、中国非物质文化遗产保护协会、中国古迹遗址保护协会等。20世纪30年代到60年代，世界经济的复苏促进了大量非政府组织的出现，对社会重建影响重大。随着经济社会的发展进步，很多公益性领域出现竞争，越来越影响着国内外事务。改革开放特别是进入21世纪以来，我国非政府组织在国际性非政府组织的影响下在扶贫、教育、医疗等方面开始发挥重要作用，但是与发达国家相比，我国非政府组织发展程度较低，在社会认可度、法律规章制度保障、经费扶持方面仍需继续努力，在一些大型国际论坛上的中国声音还比较微弱，今后要加强面向国际的宣传力度。

　　作为国际传播的主体，社会组织主要有三个特点。一是多样化的传播类

---

① 夏征农.辞海[M].上海：上海辞书出版社，1999：4165.

型。政党类组织的传播具有政治传播特性，主要面向广大选民群体；文化类组织的传播具有文化传播特性，主要面向知识阶层、教育界人士；经济类组织的传播具有经济传播特性，主要面向金融从业者和经济研究人员；各行各业不同组织的传播具有不同的专业传播特性。二是多层次的传播主体。社会组织不同于政府、企业这些传播主体，它的层次覆盖面广，按国别可以划分为区域性组织、全球性组织和一国之内的组织。一国之内的组织可以细化为国家层级、地区层级以及城市的和农村的组织。同一组织本身也会具有多层性的特点，以红十字会为例，在一国之内有县级、市级、省级和红十字总会，在全球看有亚洲红十字会、欧洲红十字会以及红十字会总部。三是特定的国家色彩。社会组织往往与政府存在密切联系，它们组织的各种活动都要在国家的监督控制之下，所有社会组织的经营运行都要获得国家的许可。

4.1.4 作为中华优秀传统文化国际传播主体的个人

个人成为国际传播的主体是在互联网产生并广泛投入使用后形成的，互联网具有低成本的特点，大大降低了信息传播的门槛，使得信息的发布与传播极为便捷，并且随着网络的升级迭代，人们逐渐从互联网中单一、分散的个体变成因有共同关注话题而聚集在一起的群体，他们针对某一话题展开集中讨论，在互动中形成群体舆论，少数舆论精英甚至能引导话题走向，对国家社会施加影响。

个人传播主体具有传播交互性、身份模糊性、高度参与性的特点。首先，在互联网传播中，个人不但能轻松及时地获取各种第三方信息，而且可以主动对外进行信息发布，传播出去的信息能够在短时间内得到注意并引起不同程度的反响，信息的发布与信息的接收反馈具有即时性，这种个人传受的交互性使得舆论的传播与表达变得清晰直观，信息变得公开透明。另外，在网络世界交往的轻松程度远高于现实世界，人们交往的局限性大大减少，能够随意表达自己的观点，因此吸引了越来越多的人加入到互联网的信息传播中来。

4.2 中华优秀传统文化国际传播的传播受众分析

国际传播的受众主要指的是本国以外的受众，这部分受众分布范围极广，并且差异化显著。但是国界不是受众的绝对划分标准，因为一个国家内部既包括本国人民，也包括在此求学、工作、定居的外籍人士，这部分人虽然在国家内部，但是他们也属于国际传播的对象，不能纳入国内受众范围；同样也会有一群本国民众在外求学、工作以及定居，他们虽然在地理位置上身处国外，但是仍属于国内民众，不能把他们列入国际传播受众，总体而言，国际传播的受众主要是外籍人士。

4.2.1 国际传播受众的特点

（1）广泛性

国际传播和国内传播在范围广度上存在明显不同，国内传播聚焦于国家内部，传播对象按区域分布比较集中，而国际传播是面向全球外籍人士的传播，它的传播对象遍布全球，人员分布极为分散，传播环境也更为复杂。首先是文化传统和宗教信仰的不同。一个国家在长期发展中形成的文化传统和宗教信仰是难以改变的，不同国家的文化、宗教传统又是千差万别的，在面向具有不同文化传统和宗教信仰的国家进行国际传播时，如果不了解当地传统和禁忌就会对传播造成负面影响。其次是使用语言的不同。据不完全统计，世界上一共有6 700多种语言，有140多种语言的使用人数超过了100万。不同国家的语言使用情况也是千差万别的，有的国家使用多种语言进行交流，以中国为例，中国有56个民族，大多数民族都有自己的语言，不同省份也有自己的方言，一些传统文化没有书面记载，只能借助口口相传，对这些传统文化的传播要经过一系列复杂的语言符号转化才能完成。也有一个国家使用一种语言甚至多个国家使用一种语言，相对而言这些国家的传播难度小一点儿。在当前的国际传播中，传播机构也在做出积极努力，中国国际广播电台在对外传播过程中使用了43种语言进行传播，还包括4种使用人数较多的方言。最后是使用媒体的不同。网络技术的发展使各种传播媒体的竞争越来越激烈，传播受众的人口基数决定了媒体选择的多样性，多数国家的主流媒体以本国媒体为主，当然在进行国际传播时，一些国家会将特色节目提供给对象国让其在国内进行播放，举办大型活动时也会吸引外国媒体的关注，并促进活动的对外报道。

（2）复杂性

世界上没有两个在政治、法律、宗教、文化方面一模一样的国家，甚至不同国家有相当大的差异，这就决定了生活在不同国家的受众群体具有复杂性的特点。以分布在不同地区的海外华人为例，海外华人分布在140多个国家和地区，总人数约为3 000万。最早的一批移民是东南沿海地区的移民，主要居住在东南亚国家，他们已经加入所在国国籍，完全认同当地的政治、文化、宗教，受同化程度明显，几乎没有了对中华民族的认同与依赖。第二批移民主要是港台移民，虽然与大陆同宗同源，但是由于历史原因，双方也存在一些差异，他们所移居的欧美西方国家倡导多元文化，不会过多干预外来移民，因此他们在融入当地的过程中也保留了一些东方传统，东西方文化在他们身上实现了交融。新一代的移民主要以大陆地区为主，大陆是中华文化的主体区域，这一部分移民虽然变更国籍，但是经历了中国的发展变迁，在血缘和亲缘上同中华民族密不可分，他们有共同的汉语文化，所代表的是大区域文化，对传统文化天然友好。由此可见，虽然都是华人群体，但是情况千差万别，在国际传播中要考虑不同国家华裔群体的对华友好程度，足够重视这种复杂性。

（3）多样性

国际传播受众群体的多样性表现在三个方面。首先，受众覆盖一般民众以及各国政府，受国际形势以及国家利益的影响，国际交往变化复杂，同时存在友好国家、敌对国家和中立国家，国与国之间的关系影响着国际传播受众对信息的理解、接受程度。对于同一信息，友好国家、敌对国家和中立国家会从不同角度进行解读，使信息有了多样化的认知呈现。其次，各国法律制度的差异导致各国的信息传播管理存在不一致性，对同一信息不同国家的接受程度不一样，有的国家要求严格，有的国家要求松散，国际传播需要有针对性地传播，使得国际传播环境具有多样性的特征。最后，国际传播受众的多样性也与接受心理有关。在国内，人们的接受心理大致相同，在国际上则有较大的差异，同一个传播方式不适用于所有国家，以中国为例，龙是中华民族的图腾，在中国有很高的地位，用龙的形象进行恶搞，在其他国家不会引起很大的反响，但是在中国会受到抵制。所以说，在向不同国家进行信息传播时，要充分了解受众的接受心理，防止"撞枪口"。

4.2.2 国际传播受众的分类

（1）按照受众对传播者的重要程度划分

按照重要程度可以把受众分为重点受众、次重点受众和一般受众。重要受众处于首要地位，对传播主体所要达成的传播目标至关重要，他们的态度、立场直接影响传播的最终结果。重点受众的支持有利于正向国际舆论的营造，而他们的抵制则有可能导致国际传播活动的失败。在传播过程中，要在第一时间确定重点受众，最大限度地争取他们的支持，确保正面效应最大化。次重点受众是对国际传播活动有重要影响的群体，他们对国际传播活动的影响程度低于重点受众，但是这一部分受众群体的立场、态度同样影响着传播活动的最终成败，他们的重要性同样不可以忽视。一般受众是指不在传播规划以内，与传播主体没有直接利益关系，本身对传播活动的成功与否不具有决定性的群体。开展国际传播所耗费的成本要远高于国内传播，因此不可能覆盖所有传播受众，传播主体必须要提前做好传播受众的主次之分，但是一般受众在范围和数量上占比更多，他们的潜在影响也不能忽视，传播主体要做到及时向他们传递重大决策及通告，保证不产生负面信息。

（2）按照受众对传播者的态度划分

按此划分标准可以将传播受众分为顺意受众、逆意受众、中立受众三种。顺意受众分为两种，一种是作为传播主体国的同盟或是保持长期友好关系的群体，另一种是在某一具体事件中双方站在同一立场并具有相同态度的群体。顺意受众代表着正向传播效果，顺意受众越多，传播活动获得成功的可能性就越大。因此，在国际传播中，传播主体要尽可能地争取更多的顺意受众，增强他们的支持力度。逆意受众和顺意受众一样也分为两种，一种是和传播主体国存在恶性竞争，长期处于敌视状态的群体，另一种是在某一具体事件中双方因立场不同而产生矛盾的群体。逆意受众代表着负向传播效果，逆意受众越多，越不利于传播活动的开展。对于两种逆意受众要实施有针对性的措施，对于前者而言，要做好长期努力的准备，在潜移默化中逐渐改变他们的敌视态度，对于后者要提高公关的敏锐性，及时沟通交流，努力消除双方偏见，尽可能变逆意为顺意。中立受众则是没有明显情感趋向的群体，他们对传播主体国没有亲近也没有敌意。他们虽然看起来影响不到传播局势，但是要注意他们态度的变化，中立受众的顺意倾向会加强己方的传播优势，逆意倾向则会加强敌对方的传播优势，因此要加强对这一部分受众的重视程度。

（3）按照受众行为的发展过程划分

按照此标准可以将传播受众分为潜在受众、知晓受众和行动受众。潜在受众是指在某些条件下有可能变成传播重点的群体，他们本来对传播主体国并没有直接的影响。潜在受众呈现两极化趋势，既可能潜在顺从，也可能潜在敌对，传播主体国告知信息的及时、准确与否决定了潜在受众是趋于支持还是趋于反对。知晓受众是指在已经了解某一国际传播活动的基础上，已经形成了明确的正向或负向态度，但是还没有真正进行实践的那一部分群体。对已经形成积极态度的知晓受众，要不断强化他们的认同感，而对已经形成消极态度的知晓受众，要主动加以引导，促使其变消极为积极。行动受众顾名思义就是确立立场之后明确采取正向或负向行动的群体，包括公开发表支持或反对的言论等行为。行动受众是三种受众中改变难度最大的群体，因为这一层面的受众经过自身判断已经形成明确的态度，传播主体国无法完全改变消极行动受众的立场和态度，但是可以借助有效的传播策略，将消极行为控制在可接受的范围内，弱化其所带来的不良影响。

4.2.3 国际传播受众分析

（1）受众理论的发展

受众理论经历了"魔弹论""影响不一理论""使用与满足论"的发展过程。"魔弹论"最早在20世纪二三十年代开始出现，当时的学者认为大众传播能够支配人们的思想、行为，信息接收者只能成为被动的"靶子"，毫无抵抗之力。"影响不一理论"认为，媒体信息在发出和最终接收时是不一样的，传播过程中存在"缓冲体"，会使媒体发出的信息发生扭曲变化，受众接收到的最终信息与初始信息千差万别。比较有代表性的是20世纪40年代至60年代兴起的"个人差异说""社会类型说""社会关系说"。

（2）目标受众的确定

受传播成本的制约，在国际传播中为了实现传播效益的最大化必须要确定开展国际传播的目标受众，一般会选择与自己关联度最大、最能发挥传播效益的那部分群体，必须要遵循国际关系优先、主体利益相关、传播手段适度、紧急事件准确定位的原则。一是国际传播导向要服从并服务于政府在国际关系方面的方针政策，受众选择从国家角度出发。二是要以维护自己国家利益为根本前提，选择有利于本国利益的受众。三是要根据国家经济实力选择能力范围内的目标受众，并随着国家实力的发展逐步扩大范围。四是要能够准确定位出紧急事件中的目标受众，及时止损。

（3）一般情况下的受众分析

在确定目标受众以后，就要进行集中传播，这一行为主要是为了通过传播改变受众的态度，营造良好的舆论氛围，进而产生有利的预期行动。传播者主要通过两种方式影响受众行为。一是采用间接手段，先使受众的态度和舆论环境发生变化，再间接影响受众行为，这种方式比较温和，但是耗时长，产生可变因素的概率较大。二是采用直接手段，跳过受众态度以及舆论环境过渡期，直接对受众行为施加影响，这种处理方式的优点在于耗时短，效果显著，但是要注意手段施加的程度，防止产生反作用。

（4）特殊情况下的受众分析

特殊情况也叫作突发性情况，是指没有预料到，短时间内突然爆发的事件。特殊情况无外乎两种，一种是有利事件，这种只需要迅速开展国际传播，放大其在国际上的正面效应即可；另一种则是占多数情况的有害事件，对这类情况的有效应对是必须要重点关注的问题。有害的突发性事件可以分为突发性的政治事件、军事事件、外交事件、经济事件、文化事件、灾难事件。当出现特殊情况时，一要做到第一时间传播，阻止谣言扩散，降低恐慌，赢得危机处理时间。二要确保信息传播的准确性，既要包括完整的事件起因、经过和结果，又要准确定位目标受众。三要确保传播主体的权威性，信息要经由政府发布。四要针对目标受众进行具有明确目的的传播，做到有针对性。

4.3 中华优秀传统文化国际传播的传播内容分析

国际传播的内容就是传播过程中的信息，分析传播内容就是分析信息，在国际传播学中，内容研究主要聚焦国际传播主体传播的信息。[①]国际传播的主体主要分为政府、企业、社会组织和个人四部分，那么国际传播的内容也分为政府传播的内容、企业传播的内容、社会组织传播的内容、个人传播的内容。

4.3.1 政府的传播内容

这里讲的政府是指国家各级权力机关，包括立法机构、司法机构和行政机构。政府的特点决定了政府传播的特点，政府传播的信息具有权威性，代表官方立场；政府在传播中拥有对信息的绝对控制，政府是各类核心信息的唯一来源和发布者；政府传播决定了媒体的被动性，对媒体具有绝对支配权；政府是各类传播媒体中地位最高的，具有最大的影响力，相当一部分内容具有强制接受性。

（1）政府传播的权威内容

政府负责传播国家法律法规制定、颁布的信息。各项法律从形成提案到最终落实的每一个过程都应该及时向社会公布，接受人民群众的监督，以体现立法的民主性和公开性。这些法律信息与国家、社会的发展息息相关，也与个人发展息息相关，涉及国际关系的法律法规更是影响国与国之间的交流，及时向外界公布各项法律法规既有利于保障民众的知情权，又有利于获得国内民众的支持和国际上的理解。

---

① 程曼丽. 国际传播学教程［M］. 北京：北京大学出版社，2006：142.

政府负责传播关于各级政府机构运行情况的信息，即政府部门依法行政的信息。对于一个民主、开放的国家来说，政府内部的政策实施情况、法律执行情况以及公共事务管理情况都要向社会公开，接受民众和党组织的监督，随着互联网的发展，信息传播的便利化将国家行政系统的运作置于国际大环境之下，更需要主动、及时传播，树立良好的国家形象。

政府负责传播国家重大事件和重要事务的信息。重大事件特指关系国家、人民切身利益和安全的事件，特别指战争、自然灾害这类紧急事件；国家重要事务主要指领导人事务，外交事务，全国性的政治、经济、文化事件以及各类重要会议。政府是这些信息传播的主渠道，只有传播渠道畅通才能营造良好的舆论环境，促进社会的稳定发展。

政府负责传播国家发展的数据、资料、报告信息。这些信息是评判国家经济发展程度的重要依据，也是吸引国内外投资的主要参考，这些数据由专门的政府机构负责统计，保证数据来源真实可靠，各类企业、社会组织以及国内外投资者会凭借这些数据调整自身发展规划，这些信息的权威性决定了发布者只能是政府。

（2）政府传播的一般性内容

政府负责宣传类内容的传播。当政府向社会传播权威性内容之后，会相应地对这些方针政策、规章制度、法律法规进行解释说明，向公众提供具体的实践案例。宣传类内容不具有强制性，政府在进行传播时必须要站在受众的立场上考虑问题，充分发挥语言、文字符号的作用，消除民众的认知障碍，以取得良好的宣传效果。

政府负责公关类内容的传播。公关类内容既有利于政府良好形象的树立，又有利于政府获得国内外民众的信任。政府的公共活动往往采取的是组合传播方式，将公关活动与国家体育赛事、观光旅游、外交活动、对外贸易结合在一起，展现国家的经济实力、文化水平和政府治理能力。值得注意的是，政府公关传播的一大前提是政府自身水平过硬，拥有良好的内在品质，否则只停留在做表面文章是难以达到预期效果的。

政府负责广告类内容的传播。政府主要负责三种广告类内容的投放，一是一般性公益广告，这类广告在政府广告中占比最大，部分广告还附带服务性质，这也体现了服务性政府的理念。二是带有招商引资性质的广告，通过政府出资的方式，为国家或地区打广告，以此来宣传国家或地区形象，宣传本国的特色品牌以及强势企业。三是配合大型活动制作、播出的广告，目的是强化活动的宣传效果。

4.3.2 企业的传播内容

这里的企业主要是指营利性的社会组织。企业传播的根本目的就是盈利，它的传播具有很强的科学性和目的性，企业进行传播要考虑成本，因此具有很强的选择性。

（1）企业传播的广告类内容

企业国际传播内容中最多的就是广告传播，一类是产品广告，主要是为了推销某种产品来获得经济效益，这种传播追求的是短期效果；另一类是形象广告，主要是对外树立良好的企业形象，通过这种营销方式，获得民众和其他合作伙伴的好感，以获得更多的长期效益。对企业而言，国内广告传播和国外广告传播的情况不尽相同，国内情况易于判断掌握，能够有针对性地进行广告投放，在国外投放广告则要有媒体的种类和覆盖面、目标受众的接受程度等多方面的考量。

（2）企业传播的公关类内容

企业公关传播的目的是树立正面的企业形象以及消除以往的负面形象，获得长期效益，公共手段和广告手段往往一起使用。国际的公关传播在本土外进行，主要使用国外的传播媒介，因而不能直接获得受众反馈，因此实施难度较大，为了克服传播困难，必须要充分了解目标国的受众，将潜在受众变为行动受众；充分了解目标国的媒体，根据民族、宗教、语言的不同，选择相对应的媒体；精准定位企业形象，打破国别刻板印象，开展持续性的品牌提升战略。

4.3.3 社会组织的传播内容

社会组织具有非营利性，它属于社会公益性活动，因此社会组织开展的传播活动也是非营利性的，它的传播活动资金来源于社会捐赠和服务费用的收取，通过传播来获得社会效益和民众支持。社会组织都是围绕某一需求有目的地建立起来的，在类别上有着明确的划分，分布在不同的职能领域，它们的传播内容基本上都是固定的，有明确的目标诉求，传播具有目的性。社会组织具有多样性特征，它的传播形式也具有多样性，政党组织和某些代表政府行使部分职能的组织可以借助政府宣传手段，普通社会组织通常会采取公关和广告手段进行信息传播。

（1）社会组织传播的告知类内容

告知类内容就是将该组织的发展目标、宗旨、机构运行现状以及未来发展形势及时向民众公布。

全球性组织团体的告知类内容传播。这些组织的参与成员由各主权国家构成，成员代表国家立场，所通过的方针政策以及全球共识具有国际性权威，因此这类组织传播的告知类内容也具有极高的权威性，主要代表为联合国、世界贸易组织。联合国是国际上享有最高权威的政府间国际机构，联合国大会所颁布的法律规定了国际关系处理的基本准则，通过官方网站更新各项会议方案，及时向世界民众告知，也会及时把各项内部事务告知各成员国。世界贸易组织与联合国的情况基本相同，也是由各国家和地区构成的，承担着对内对外告知的义务。

政党组织的告知类内容传播。成立政党组织的目的是参与国家执政，实现这一目的的前提就是将自身的执政原则、执政理念、执政优势告知国内民众，获得选民的支持与拥护，美国大选期间的电视辩论就是应运而生的产物。许多国家的政党竞选不仅包括国内选民的支持，还常常引发国际关注，扩展到海外，一方面是为了争取旅居国外的选民支持，另一方面也是通过扩大影响力争取国际舆论的支持。竞选成功的政党需要将自己实行的方针政策以公告的形式发布出来，此时的执政党公告就有了政府传播的性质。

专业性组织、团体的告知类内容的传播。专业性组织、团体为了获得更多支持，也需要将自身的性质、宗旨、开展活动和服务类别公之于众。专业性组织是世界上数量最多、规模最大、覆盖范围最广的社会组织，它们根据研究方向和领域划分，各有侧重。无论是单纯的民间组织还是与政府相关的专业性组织都在各自的领域内享有权威地位，负责制定行业规定，并就一些可能造成的不良后果发出警告。

（2）社会组织传播的劝导类内容

劝导和告知密切相连，告知是对事实的原委如实公布，目的是让公众了解，劝导是通过各种宣传、说明改变民众的态度，进而影响民众的实际行动，劝导是在告知基础上的进一步延伸，也是某种意义上的宣传。社会组织传播的劝导类内容是分层次进行的，根据组织层次的不同，地区性组织在一个地区范围内展开劝导传播，全国性组织在一个国家范围内展开劝导传播，国际性组织则在全世界展开劝导传播，一些影响力较大的国际组织会在主要国家设立分部，对国内民众进行有针对性的劝导传播。联合国作为世界上最具权威性的国际组织，常常就人类发展共同问题发表看法、表达态度和立场，通过将关注重点转向环境、粮食安全、卫生、教育等主题来进行劝导宣传。劝导类内容也经常出现在政府组织的传播活动中，尤其是一些多党制国家在进行领导人竞选时，会利用媒体大肆宣传，利用电视媒体公开做出承诺，这种宣传攻势往往能取得意想不到的效果。

（3）社会组织传播的知识性内容

知识性内容的传播在社会组织传播中占比很大，主要是以专业性组织为代表。这类组织以中介机构的身份连接政府和各行业，它们具有专业的从业者和研究团队，掌握专业信息渠道，可以与政府达成合作，针对具体问题进行调查研究，为政府提供所需要的专业数据，提供参考依据，帮助政府进行决策和管理；同时这些信息可以作为知识性内容面向民众传播，为他们提供正确的信息支持，树立科学观念。无论国际还是国内，这些专业性组织都在积极进行知识传播，我国的传播知识内容很大一部分也是由这类组织提供的。在我国，政府主要负责各项事务的宏观调控和总体规划，具体的宣传和知识普及工作则是依靠行业内部的专业组织去完成的。以传统文化为例，近年来政府将中华优秀传统文化的发展传播作为一项重要任务，并制定了发展规划，各种非遗协会、传统文化保护协会以及相关咨询机构在内的一大批专业团队成了任务执行的主力军，他们绘制各种宣传册、拍摄宣传片、组织各种文化演出、举办文化展览，并通过媒体大力宣传，让更多国内外民众了解了我国多样化的传统文化，了解它们的发展困境，呼吁人们行动起来，在全社会营造了重视传统文化发展的舆论环境。

4.3.4 个人的传播内容

互联网出现以前，个人主要是通过大众传播媒体传递信息，这种信息传递方式的局限性较大，且个人无法直接参与传播过程，属于间接传播，互联网的产生使个人成为真正意义上的传播主体，国际互联网的产生则是个人能够参与国际传播的前提条件，所以说个人传播离不开网络。个人传播的权威性远低于大众传播，因此它的传播面较窄，在传播中没有固定的目的，具有极强的随意性，网络空间的虚拟性使得个人不用为传播的信息负责，内容控制难度大，也容易造成虚假信息的传播，影响社会稳定。

（1）个人传播的通信类内容

互联网实现了信息的快速流动，借助电子邮件进行个人传播成为主要的传播方式。电子邮件作为一个快捷高效的通信系统，既可以传递图像、影音、文档等信息，还可以实现专业化数据报告的发送。目前，电子邮件的应用十分广泛，已经成为许多企业、组织机构办公和联系的重要方式。在我国，电子邮件还应用到政府组织，市民可以通过政府网页的领导信箱向政府提出诉求，发表建议。电子邮件传播具有双重性，既具有保密性，可以针对具体对象实现特定的传播，又可以在大范围内进行公开传播，获得多样化的信息反馈。对于前者来说，电子邮件可以保障私人信息传递的安全性，对于后者而言，电子邮件可以通过各种方式实现信息传播的最大公开化。总而言之，作为通信工具的电子邮件保障了信息的隐秘性，作为信息传播手段又满足了便捷化信息获取的需要。

（2）个人传播的闲谈类内容

闲谈类内容可以简单等同于聊天，它是互联网传播过程中开发出来的一种新形式。随着互联网门槛的降低，互联网公司开发出了新型聊天系统，较早的聊天软件是IRC（Internet Relay Chat），人们可以通过这个软件实现一对一甚至多人实时交流，交流内容也从开始的文字演变为图片、音视频等。网上聊天主要有两种形式，一种在聊天室聊天，另一种就是实时聊天。聊天室一般按照不同类别划分，用户可以随意选择自己感兴趣的领域与其他同样对该话题感兴趣的用户一起畅所欲言，也可以自行创建话题，吸引其他感兴趣的用户参与讨论。目前有很多的实时聊天软件，QQ、微信、微博、贴吧都是可以实时共享信息的软件。根据特定代码，用户可以进行好友搜索，进行即时对话，既有一对一的聊天对话框，也有多人共享公共聊天室，能够实现信息共享的畅通。随着网络聊天系统功能的不断扩展，一些问题也开始显现，比如在聊天室随意攻击辱骂他人、发布虚假信息等，加剧了管理难度，也对网站管理提出了更高的要求。

（3）个人传播的评论类内容

个人传播的评论类内容主要出现在网络论坛系统，既有官方论坛也包括民间论坛，用户可以在讨论区进行信息发布与信息交流。评论类内容主要有以下三个特点。一是话题范围的广泛性，网络论坛系统的准入门槛低，用户量大，当论坛设置的话题感兴趣的用户居多时，话题的讨论量就会上升，讨论区的话题涵盖多个方面，时政热点、体育运动、文学艺术、军事科技等各种主题层出不穷，既可以对国内热门人物、热点事件表达看法，也可以对国际大事发表自己的观点，讨论范围既可以围绕一国展开，又可以扩展到全球进行跨国界交流。二是评论语言的随意性，在这样一个开放的网络平台，用户的身份具有虚拟性，人们可以释放现实世界的压力，可以在网络平台随心所欲地表达自己的意见，可以讨论各种反传统、非正规的小众话题，这种随意性不会对现实社会的人际往来造成影响。随着互联网隐蔽性带来的各种问题，国家也相继出台了各种网络管理办法，努力营造良好的网络风气。三是评论的即时性，网络论坛与现实生活具有同步性，每当出现热点事件时，人们会倾向于在网络论坛表达自己的观点，实时关注事件的进展，相关讨论会一直持续到事件结束，在此期间，政府也可以通过网络平台进行舆论引导，在这一过程中要谨慎敌对力量的负面舆论引导。

4.4 中华优秀传统文化国际传播的传播渠道分析

国际传播具有跨国界的特点，在传播中原始信息需要经过二次处理，进行跨文化的编码、释码，最终实现国际传播的语言转换和文化对接。

4.4.1 主要国际传播机构

（1）国际性的通讯社

国际通讯社负责面向全球进行新闻采集和发布，在国内设有总部，在许多国家设立分部外派记者，用户覆盖全世界。当前世界上主要的通讯社有美国的美联社、合众国际社，法国的法新社，英国的路透社，俄罗斯的塔斯社，中国的新华社，德国的德意志新闻社，意大利的安莎通讯社，西班牙的埃菲社，日本的共同社等。其中美联社、合众社、法新社和路透社被称为西方四大通讯社，国际影响力最大，他们面向一百多个国家和地区设立分部，并向这些国家和地区的几千家媒体机构供稿，极大地影响了国际舆论的发展。国内通讯社以本国民众为服务对象，国外新闻主要通过订购国际通讯社或者是相互交换新闻来获得。目前一些大型国内通讯社也开始向外发展，一些发展中国家通过合作建立地区性通讯机构，企图打破西方发达国家的国际新闻垄断地位。

（2）国际性的广播电台

国际广播诞生于20世纪20年代，伴随着国际政治斗争运动产生。二战结束后，西方发达国家不断扩大国际广播的发展规模，引起发展中国家和新兴社会主义国家的效仿。进入21世纪以来，广播电台的传播功能增强，主要用于信息交流，随着国家在政治思想领域斗争的加剧，广播电台的战略地位不断提高。对国际电台进行综合考量，综合实力最强的分别是美国之音广播电台、俄罗斯之声广播电台、中国国际广播电台、英国广播公司，美国之音在实力规模方面位居第一。为了让广播电台在国际竞争中发挥更大的影响力，各国通过增加发射设备、境外建立电台、卫星传递投送、扩大外语语种、引用最新技术、增加广播时间等方式来扩大广播电台的竞争力。

（3）国际性的电视台

1980年，美国特纳广播公司创立的有线电视新闻网开始通过卫星向邻近国家的电视电缆系统播送新闻，这标志着国际电视业的正式诞生。在美国建立国际电视台之后，世界上许多国家也纷纷开办了官方和半官方性质的国际电视台，以及商业性质的国际电视台。国际电视台既有政府负责的频道，又有民办的商业性质的频道，在国际电视台上新闻类节目和娱乐性节目的占比相同，还有不少专门的以娱乐、体育节目为主的频道，各种文化类节目占有相当大的比重。为了更好地进行国际传播，我国也分别设立了面向海外华语观众的国际频道和面向海外观众的英文传送频道。

（4）国际互联网

互联网也被称为"第四媒体"。互联网网站主要分为由传统媒体建立的传媒网站和无传统媒体依托的网络媒体。前者主要包括国际性的通讯社、广播电台、电视台以及国家和地方性的中小型媒体。后者主要包括商业网站和专业机构网站，例如雅虎、搜狐、新浪、网易等，除此之外，还有一些规模较小的网站，他们在国际传播中不占主要地位。

4.4.2 国际传播中的语言转换

语言符号是人们进行信息交流的工具，在开展传播活动时，语言符号的应用更是必不可少的，特别是国际传播需要语言符号的二次转换，也就是需要将语言符号翻译成接收国的文字形式。每个国家的语言都是本国传统文化的一部分，每个国家在长期历史发展中形成的不同文化背景，使得每一种语言在语音、语义、语法、修辞、结构等方面存在较大差距。不同语言之间的翻译并不是简单的文字转化，要翻译成符合当地民众阅读习惯的文字，而且语言文字一旦参与到国际传播过程中，它就不仅仅代表某一位记者或是编辑的翻译水平，而是代表着整个国家和民族的文化素质和整体形象，这也对相关从业人员的传播素质提出了更高要求。因此在国际传播过程中，媒介语言首先应该做到规范化，要严格按照语言翻译标准进行文字转化，要确保表达方式的标准性。因此，媒介语言应该是地道的语言，这样才能让对象国受众在进行文字阅读时产生亲切感，否则就会产生不好的负面效果。另外，媒介语言应该选择最新的语言表达形式，在表达过程中使用一些网络专用术语或热门词语，淘汰掉传统用语，可能会产生事半功倍的效果。

媒介语言在国际传播中经过长期发展，形成了几种通用性的语言，主要有英语、汉语、西班牙语、阿拉伯语和法语等。英语是世界上使用国家和使用场合最多的语言，汉语则是世界上使用人数最多的语言。针对英语的文化垄断现象，许多国家都从自身的语言文化利益出发，实施一系列的语言保护战略。而汉语作为使用人数最多的语言，具有很大的发展空间，随着中国的国际地位不断提高，世界各国民众学习汉语的热潮也在不断增加。我国也一直致力于规范汉语标准，2001年1月1日，我国施行了《中华人民共和国国家通用语言文字法》，从法律层面规范了语言文字的使用。

4.4.3 国际传播中的文化对接

文化对接属于国际传播中文化的深层次转换，它主要包括两个方面的对接，一是与国际通行的认知、规范体系对接，二是与传播对象国的社会文化习俗对接。

（1）与国际通行的认知、规范体系对接

参与国际传播要遵循全人类共同价值观念和道德准则，按照国际规定办事。这些在人类社会长期发展中形成的价值观念和道德准则突破国家意识形态的限制，被世界上多数人所接受，成为人们普遍遵循的共识。反对恐怖主义也是世界人民的共同要求，9·11事件后，国际恐怖主义运动日益猖獗，他们通过伤害普通平民、劫持人质、在公共场合投放炸弹、杀害国家重要人物的方式影响国际社会的稳定，严重威胁了世界的和平发展。恐怖主义造成的各种生命、财产损失，让世界人民意识到打击恐怖主义的重要性，如今反对恐怖主义已经成为国际社会的普遍共识。在经济方面，联合国和世界贸易组织制定了国家间进行贸易往来的规范和原则，维护了各成员国的经济利益。参与国际传播，除了要遵循上述的国际共识以外，还要重视与国际接轨程度，要高度重视环境污染、疾病流行、自然资源短缺、毒品泛滥、人口膨胀等正在引起国际社会普遍关注的热点问题，围绕这些中心问题参与国际讨论。

（2）与传播对象国的社会文化习俗对接

跨文化传播是国际传播的重要内容，这就要求在国际传播中不但要重视全人类共同文明，还要重视具体对象国的个性文明。因为不同国家所处的地理位置不同，文明发展历程不同，各自的政治经济制度不同，宗教信仰也不尽相同，种种差异决定了不同国家文化上的独特性。因此，当一种文化从一个国家传播到另一个国家时，必须要适应这一国家文化发展的特殊情况。不同语境下的文化传播要以了解对方为前提，要主动适应当地的文化习俗，这不仅适用于国家之间的传播，也适用于社会组织、企业和个人所进行的国际传播。比如企业要通过广告宣传等形式进行国际传播时，要提前了解传播对象国的民族习俗、文化特点和受众心理，要了解对象国的文化禁忌，避免出现触犯禁忌的事情。

文化禁忌主要包括颜色禁忌、数字禁忌和图案禁忌。首先是颜色禁忌，主要指不同国家对色彩的好恶程度。日本人认为绿色是不吉祥的象征，但是在欧亚一些国家，绿色象征着环保，受到人们的欢迎。土耳其人喜欢用素色，认为花色是凶兆的象征。墨绿色是纳粹军服的颜色，这种颜色在二战期间给法国和比利时带来深重的痛苦记忆，所以这两个国家忌用墨绿色。其次是数字禁忌，在基督教中，13这个数字是犹大出卖耶稣时参加"最后的晚餐"的排序数字，也是神话中天国凶神的象征。因此这个数字是不受欢迎的，在这一天人们不会举行活动，甚至各种编号也都减少使用13。在日语中"4"和"死"发音相同，所以日本人很忌讳使用4这个数字，日本的医院里也没有4号病房和病床。最后是图案禁忌，在印度和泰国，大象代表了智慧和忠诚，是吉祥的象征，而在英国，大象则被认为是蠢笨的象征。在我国和日本，仙鹤代表着长寿，而在法国，仙鹤却是蠢汉的代称。从上述分析中可以看出来，每个国家都有各自的传统风俗习惯和文化禁忌，在进行国际传播时要先了解当地人喜欢什么、忌讳什么，只有做好充分的准备，才能在国际传播中获得成功。

4.5 中华优秀传统文化国际传播的传播效果分析

中华优秀传统文化的国际传播效果可以分为短期效果和长期效果。

4.5.1 短期效果分析

从短期效果来看，中华优秀传统文化的国际传播可以带来多个积极的影响。一方面，通过文化交流活动，外国人可以更好地了解中华优秀传统文化的深层次内涵，增进民间友谊和文化互鉴。这种交流能够促进文化交融，创造出更多的商机和就业机会，有助于提升文化产业的发展水平。另一方面，中华优秀传统文化的国际传播还能够提升中国的国际形象和软实力。通过传播中华优秀传统文化，中国可以展示其悠久的历史和丰富的文化遗产，进而塑造积极的国家形象。这有助于增加国际社会对中国的认同感和尊重度，在政治、经济和外交领域产生一系列影响。

从具体的实例来看，在短期效果方面，中国春节的庆祝活动在世界各地广泛举行，可以吸引大量的国际游客和参与者。这种活动可以让外国人亲身体验中国优秀传统文化，增进对中华文化的了解和兴趣。例如，在美国、加拿大和澳大利亚等国家，中国城通常会为当地居民和游客举办盛大的春节庆典，组织传统的舞狮、舞龙等民俗表演，为当地社区带来欢乐的氛围。这种活动不仅促进了中华优秀传统文化在当地社区的传播，也增进了民众之间的友谊。再比如，中华美食在国际上的传播。中国菜在世界范围内享有盛誉，而中国菜的传播也推动了中华优秀传统文化的影响力。例如，中国的火锅和炒面等传统菜肴在国外的餐馆中十分受欢迎，吸引了大量食客前来品尝。这使得中国的饮食文化与习俗在国际上得以传承，并且激发了外国民众对中国传统烹饪技巧的兴趣。

4.5.2 长期效果分析

在长期效果方面，中华优秀传统文化的国际传播能为中国创造持续的文化软实力和国际影响力。通过激发外国人对中华优秀传统文化的兴趣和好奇，国际传播可以鼓励更多人学习中文、学习中国传统文化，从而提升外国民众对中国的文化认可度。此外，随着中国经济的崛起，越来越多的国际企业与中国进行合作，或者在中国市场扩展业务。这也促使更多的外国人了解和尊重中华优秀传统文化，以更好地进行商业交流和合作。因此，中华优秀传统文化的国际传播能为中国提供更多的经济机会和发展空间。

从长期效果方面的具体例子来看，一些经典的中国文学作品在国际上产生了深远的影响。例如，《红楼梦》是一部被广泛翻译和阅读的中国古典小说，它展示了中国传统文化的丰富内涵和价值观。这种文学作品的国际传播使得更多的人可以了解中国的优秀文学作品，拓宽了对中华优秀传统文化的理解。此外，中国功夫电影以其独特的动作设计和文化元素，在全球范围内赢得了极高的人气。例如，李小龙和成龙等功夫电影明星因其身手矫健和独特的电影风格而在国际上获得了广泛的关注和追捧。这种国际传播不仅促进了中国电影产业的发展，也为国际观众带来了更多了解中华优秀传统文化的机会。

国家软实力体现了国家影响力，而国家影响力则是通过国际传播来扩大的，可以说国际传播促进了国家软实力的提升，因此可以将国家软实力的强弱作为检测国际传播效果的重要标准。软实力主要包括国家的文化影响力、意识形态影响力、制度安排影响力和外交影响力四个方面。中华优秀传统文化影响力是国家软实力的重要体现，涵盖语言、服装、饮食、传统思想、民俗习惯、宗教信仰等多方面的文化传播带来了巨大的影响力。特别是改革开放以来，随着中国的长期稳定发展，中国模式、中国式现代化越来越得到国际关注，中国的发展经验被一些发展中国家借鉴，许多西方国家甚至成立了中国问题研究机构，这充分说明了中国的意识形态影响力在逐渐提高。制度安排影响力是指对制定国际规则具有主导作用的软实力。欧美发达国家在制度安排方面的影响力长期居于主导地位，它们可以通过设立国际组织的形式维护自己的利益。外交影响力主要包含国家的外交政策影响力、区域及全球事务影响力、政治影响力以及公众影响力等。外交影响力体现在中国全球范围内的存在感，以及对全球事务的感召力塑造力。随着中华优秀传统文化不断对外传播，中国将在国际事务上发挥更大的影响力和号召力，有更强的话语权。

第5章 软实力视域下"一带一路"典型区域中华优秀传统文化国际传播分析

5.1 "一带一路"倡议下中华优秀传统文化在东南亚的传播

5.1.1 东南亚华人对中华优秀传统文化传播的作用

1. 历史文化渊源

东南亚华人的形成由来已久,最早可以追溯到明清甚至更早时期的被迫移民迁徙,与祖国地理上的距离感使得他们需要在心理上有坚定的信念支撑,需要确定自己中国子民的身份,这时候的中国文化会让他们产生归属感,正是这种信念支持,使他们在背井离乡的艰难环境下依然保持对中华民族文化传统的传承。随着东南亚移民数量的不断增加,清政府颁布《大清国籍条例》,该条例以血缘为依据来划分国籍,极大地增强了海外华人的中国人意识。早期的东南亚华侨迫于生存压力只身一人海外闯荡,但是与留在祖国的家人仍保持千丝万缕的联系,都渴望衣锦还乡,再加上东南亚政府对华侨的严格管制,这些华侨并未对居住国有太多归属感,他们也不会努力融入当地圈子,而是尽可能地去在华侨圈子传播中华传统文化,并将这些传统文化一代代传承下来,形成了强烈的对祖国文化的认同感以及强大的精神支柱。每个国家都天然地排斥外来者,东南亚华侨在居住国初期也是处于边缘地位,在这种不利的环境下,他们需要尽可能团结海外侨胞，凝聚人心，还需要在与原住民的来往中保持自己民族的文化个性，以赢得当地居民的尊重，中华民族母体文化无疑可以满足他们的种种需求，东南亚华侨的发展与中国传统文化的发展相辅相成；二战后伴随着东南亚移民人数激增，东南亚各国纷纷出台政策同化华人，我国政府也取消了双重国籍，鼓励华侨加入当地国籍，在这一过程中各国华人为了融入当地生活，思想观念和文化理念逐渐与当地民众同化，不再去追求对中国传统文化的继承发展。近几十年来，随着中国经济实力和综合国力的增强以及国际地位的提高，国家开始重视中华优秀传统文化的国际传播，中华传统文化的影响力也不断增强，出于经济利益的驱使，许多东南亚华人对中国传统文化产生了学习的需求，对东南亚华侨学习中国传统文化，增强他们的中国意识，起到了一定的促进作用。①

2. 传统宗教

传统宗教最早伴随着华人迁徙一同传播，对华人生活有着深刻的影响，在当时是海外华人传承民族文化、增强民族凝聚力的重要文化形式。中国传统宗教的内涵十分丰富，既有道教和儒教等传统文化，又有各类民间信仰，更有由外国传入并不断汉化的佛教。受中华传统文化的长期熏陶，具有浓厚的中华特色，在内容、形式和价值观念上具有一致性，反映了中华传统文化与中国传统的渊源。中国传统宗教以"祭祖"为中心，东南亚地区的华人对神的信仰，源于中华大地的"天神"体系，中华传统宗教文化中的各种宗教仪式和习俗，世代相传，得到了较为完整的保存。在东南亚地区，中国传统信仰已被打上了中华文化的印记，其"中华"特性不仅显示出中国传统信仰源自中华文化，而且是东南亚地区华人有别于当地其他民族信仰的主要特征，是华人身份的一个重要标识。②

妈祖文化作为闽南地区的重要民间信仰，历史悠久，影响深远，妈祖信仰在东南亚的传播也是如此，传播时间早、传播范围广、信众众多、宫庙众多。妈祖信仰在东南亚的主要传播者是迁徙至东南亚的华人华侨，由当时来往各国进行贸

① 高伟光.中华传统文化在东南亚的传承与变异[J].江西社会科学,2005(04):149-152.

② 张禹东.东南亚华人传统宗教的构成、特性与发展趋势[J].世界宗教研究,2005(01):98-108.

易的商人通过远洋航海将妈祖信仰带到东南亚，在东南亚定居的华人华侨将妈祖文化传承下去，通过建造宫宇、举行祭祀仪式等形式将妈祖信仰融入东南亚社会的日常生活中。正是东南亚华侨群体长期以来的移民历史造就了东南亚妈祖信仰的长久发展史。在当下，妈祖文化经过东南亚华人华侨群体的代代经营与传承，已经深深融入当地社会的日常生活中，不仅仅是生活在东南亚的华人华侨群体信奉妈祖，很多东南亚本土居民也开始成为妈祖信仰的忠实信徒，许多不同肤色、不同人种的信众开始频频出现在东南亚国家的妈祖庙宇中。在长久的岁月里，妈祖信仰传入东南亚国家，并逐渐融入东南亚的社会生活，成为东南亚社会文化、信俗文化的一部分，成为华人自身身份认同的一部分，也将在今后的岁月里，随着东南亚地区经济、文化、社会的发展，不断创新，保持活力。[①]

3. 华文教育和传统节日

最早期的东南亚华人是在中国大陆生长起来的，长期接受华文教育，因为各种原因迁居东南亚后仍有"中华文化情结"，即使在他们放弃中国国籍，加入所在国国籍之后，仍然保留着中华民族的语言文化习惯和传统习俗。作为中华优秀传统文化的海外传承者，东南亚华人华侨主要通过华文教育、华文传媒和华人社团三大法宝，促进中国传统文化与当地本土文化的交流与融合。当前，华文教育事业在东南亚各国如火如荼地开展，呈现稳定上升的发展态势，办学规模和办学数量不断提高，办学模式也开启了多样化发展，收获了各国民众的一致好评，受到东南亚国家政府的肯定与支持；华文传媒是中华传统文化的重要传播媒介，也是促进华人社区和本地居民交流和融合的重要渠道，特别是近年来，华文媒体在东南亚各国开始大力宣传中国，通过多样化的内容展现中国传统文化，进一步加深了东南亚各国对中国的了解与认识程度；在东南亚各国定居的华人为了维护自身利益、凝聚华人力量，建立起了各种形式的华人社团，这些社团会在中国传统节日上举行相应的中国特色文化活动，并邀请当地民众参与，增强他们对中国传统文化的了解，在各种华人社团的影响下，不少中国传统习俗开始走向多样化，在东南亚地区，已逐步形成了一种多元化的

---

① 王晓平，吴怡谨. 东南亚华侨华人与妈祖文化传播 [M] //贾益民，张禹东，庄国土，陈文寿，游国龙. 华侨华人研究报告 (2017). 北京: 社会科学文献出版社，2017: 57-89.

文化形态。例如：京剧在印度尼西亚开启了本土化发展，出现了用印尼语演唱的形式；中国的太极拳、针灸、华语电影，在东南亚地区很受欢迎，中华文化的影响，无处不在。东南亚华人们在东南亚地区寻求生存之道的过程中，将中华优秀传统文化与其所处国家的本土主流文化进行了创造性的融合，并逐步发展成为一种地域性很强的"中国文化"。①

在政治上，东南亚华人对其定居地的政府有一定的认同感，但在文化上，华人的认同感却来自中华文化。首先，华侨在中华文化的传播上发挥了重要的作用。东南亚华侨在中国传统节日当天，会举办一些中国的舞狮、唱戏等传统文化活动，并定期举行宗族祭祖，举办各种中华文化专题活动，极大地提升了中国传统文化的国际影响。其次，东南亚地区的华文教育体制已初具规模，有华社、宗教组织、民间开办的各种中文学校，一系列华文学校的开办延续了中华传统文化，也能让更多的海外华裔了解并学习传统文化。最后，作为海外华文传媒的发源地以及重要的海外华文传媒中心，东南亚华文媒体的报道范围涵盖了国内外的时事政治新闻，也涉及相当多的中国文化及社会生活报道，除此之外，华文媒体也是重要的华人发声媒介，特别是在选举期间，华文媒体直接或间接地影响华人的投票意愿，居住国的华人华侨群体逐渐作为重要力量出现在政治候选人面前。②

关于东南亚华人对中华传统文化的传播主要从三个方面展开。一是对中国语言文字的传播。华人华侨在使用中国语言和文字的过程中，逐渐生成了"语言自我"，他们在定居东南亚的过程中创办了大量的华文学校，在促进华裔人群学习汉语的同时，也创造了本地人学习汉语的有利平台，长此以往，东南亚民众或多或少地受中国语言文字的影响，使得本土语言体系融入了大量中国语言元素。二是对中华传统文化的经典文本和神话故事的传播。华人华侨移居东南亚时，不光带去了语言文字等思想文化，还携带了大量中华传统文化的经典文本，并通过学院传授、口口相传等形式，把这些经典文本故事不断传播出去，这些文化典籍所展现的人文关怀、语言风格等特点不断吸引当地的中华

① 许梅. 东南亚华人在中国软实力提升中的推动作用与制约因素 [J]. 东南亚研究, 2010（06）: 58-65.
② 方长平, 侯捷. 华侨华人与中国在东南亚的软实力建设 [J]. 东南亚研究, 2017（02）: 136

文化爱好者，中华民族优秀的精神和价值观也在东南亚不断传播。三是对中华文化的当代元素的传播。随着改革开放的不断深入，中国和东南亚国家之间在政治、经济和文化上的交往和合作也日益密切，在双方交往中，越来越多的中华文化中的当代元素被东南亚人所熟知，随着改革开放以来大规模的东南亚移民热潮的发生，这些出生于社会主义中国，受过比较系统的教育的新一代东南亚移民在定居后极大地推进了中华文化当代元素的传播。

从总体上看，东南亚华人华侨积极推进中华文化与东南亚日常公民教育的融合。第一，将中华传统美德融入当地公民品德教育。经过长期的历史发展，中华民族形成了以"仁、义、礼、智、信"为核心的传统美德，在被东南亚华人华侨传承与传播过程中，逐渐与当地的公民品德教育相融合。第二，将中华文艺融入当地公民素质教育。在中国的不同历史发展阶段，形成了各具特色的文学艺术，东南亚民众对传播而来的隋唐歌舞、明清戏曲艺术，以及琵琶、二胡等中国乐器的兴趣十分浓厚。越南民间曲艺"演歌""演传"中的名篇就是深受《说唐》《三国演义》《西游记》等小说的深刻影响。第三，将华文学校融入当地国民教育体系。华人华侨创办的华文学校在面向华裔群体教授中华文化的同时，也影响了当地的学校教学，在马来西亚等国家，华文学校已经被纳入国民教育体系，极大丰富了当地的教育资源。①

作为世界上华人华侨最多的地区以及全球汉语和中华文化传播效果最好的地区，东南亚的华人华侨发挥着不可替代的作用。汉语是迁徙国外的华人维系情感、凝聚力量的重要纽带，在东南亚地区生活的华人华侨很好地传承了汉语文化。长期以来，华人华侨和汉语文化遭到缅甸政府的打压，中华文化在缅甸的发展、传承停滞了将近四十年，但是在华侨华人的不断努力下，缅甸政府缓和了对华文化态度，放宽了汉语教育的政策，中华文化在缅甸的传播逐渐复苏。1975年中泰两国建交，两国关系得到改善，但是政治关系层面的缓和并没有提高泰国政府对汉语教学的重视程度，泰国政府依旧限制华人华侨创办的学校。1988年10月5日，中华总商会等组织的泰国侨胞，积极呼吁开放华文教育，1991年2月4日，泰国政府终于通过提案，实行开放华文教育的方针，使华

① 高炳亮. 东南亚华侨华人与中华文化传播：历史、现状与目标［J］. 理论与评论，2022（02）：76-85.

文教育在侨胞的齐心协力下，得以存活与发展，并建立起自己的华文教育社。1975年，马来西亚从小学到中学的全套华文教育体系已基本复原；1990年，南方学院成立，使当地学生的升学机会大大增加，成为首所由海外华人共同创办的非营利华文高等教育机构。韩江学院于1999年获教育部核准，首家拉曼大学于2002年在东南亚地区开办，汉语推广工作获得重大成功。①

4. 民俗文化和儒家文化

东南亚地区的华人大多是在中国本土生长，然后通过地理迁移来到东南亚的，他们的生活习惯和当地的文化有着许多不同，他们根据自己的习惯来组织自己的生活，因此，在东南亚地区的中国人在迁移的同时，也保存了一部分中国人的传统生活习惯。在生活习惯上，两个地区的差异不大，在服装、饮食和发型上有相似之处；东南亚地区的华人，在生活礼仪方面，大多继承了中国的传统，对祖先的信仰也与中国人没有什么两样，而对祖先的信仰也就成了维持中华民族意愿的一条重要途径，只是在表达方式上，各地都有差异。东南亚的华人华侨在节庆、礼俗等方面，将中国的传统完好地传承下去，并流传到今天。一方面，通过庆贺传统节日，来弘扬中华民族的精神；另一方面，以多元化的发展形态与表达方式，展现出华人华侨对自己国家的骄傲与依恋。此外，不同的节庆活动，也能使海外华人更加团结，更具凝聚力。②

中国传统的法律文化在华人华侨向东南亚地区迁移时得到了很好的传承和发展，同时也对当地的社会生活产生了很大的影响，为东南亚地区的社会发展做出了贡献。中国人在很久之前就开始了向国外的迁徙，并将孔子的思想以及儒学所产生的多种精神带入了他们所居住的国家。中国人的勤劳、节俭、守信、遵纪守法、关心社会、爱家、注重对孩子的教育，使得他们不但开拓了国外的新天地，还保留了祖辈留下的优良传统。可以说，在东南亚地区，华人能有今天的发展，与孔子和儒学的潜移默化的影响有着密不可分的联系。③

① 曾小燕. 复杂动态系统视角下东南亚汉语传播途径及其影响因素研究[M]//刘宏, 张恒军, 唐润华. 中华文化海外传播研究（2019·第一辑）. 北京: 社会科学文献出版社, 2020: 237-252.
② 蒋姗姗. 近代东南亚华侨华人对传统民俗文化的继承[J]. 天府新论, 2006（S1）: 234-235.
③ 李永强, 马慧玥. 东南亚华人自治与中国传统法律文化的域外影响[J]. 暨南学报（哲学社会科学版）, 2008（01）: 56-61.

5.1.2 "一带一路"倡议下中华优秀传统文化在东南亚的传播现状

东南亚华人华侨在中华文化的传播过程中，通过日常生活中的文化符号，将族群的共同记忆以一种文化符号的方式重新塑造，进而实现了对族群的认同。同时，它也与东南亚地区的实际社会情境相融合，顺应了多民族共存的需要，为当地居民的日常生活注入新的要素，进而提高人们的生活质量。在推动中华文化向东南亚地区传播的过程中，中国当代流行音乐、影视、时装、网络文学，社会媒体，都十分注重向当地民众，尤其是年轻人传播。近几年，在东南亚的华语圈子里，出现了一大批由中国出品的优秀电影和电视剧。在国外，很多本地人都会"追剧"，我国的许多影视作品，在东南亚都有很好的受众群体，这让他们对中国有了更多的认识。[①]

中国电影的跨文化传播，首先应该选择与中华文化圈关系密切、文化相近的东南亚作为传播基地，提高中国电影的知名度和认同感，并进一步"溢出"到世界。

中国电影在东南亚的传播已形成了多层次、多途径、多形式的发展态势。中国与新加坡于2010年签订了一项共同制片协定，其中明确规定，合作制片将享受与本国电影相同的政府补助与奖励。在"一带一路"倡议下，东南亚各国与中国签署了多个影视项目的合作。马来西亚电影开发委员会在2015北京国际电影节上正式宣布，双方将在中、马两国电影领域建立长期的战略合作关系。中国与新加坡、越南、印尼等国家在"中国—东盟电影合作论坛"上签订了一份"影视合作备忘录"。2017年上海国际电影节，我国与菲律宾、印尼等国就"一带一路"地区的影视文化交流与合作问题签订了谅解备忘录。与此同时，在广西壮族自治区设立了中国—东盟译制中心，为中国和东南亚地区的影片交流打开了一条新的道路。广西电视台同柬埔寨中央电视台签订了合作协议，将在柬埔寨开设"中国剧场"，向世界展示中国的优秀电影和电视剧。中国在"一带一路"倡议的推动下，同东南亚地区的影视产业交流与合作也进入

---

① 高炳亮.东南亚华侨华人与中华文化传播：历史、现状与目标[J].理论与评论，2022（02）：76-85.

了白热化阶段，经常在电影节上进行交流和访问，让更多的好电影走进观众的视线，我们国家的电影也在东南亚各大电影节上获得了许多奖项。缅甸、越南和新加坡的电影参展团在"金鸡百花节"上为中国观众献上了《流逝的岁月》和《小孩不笨2》，获得了众多中国观众的高度评价。中国在"一带一路"倡议下举办的"丝路国际电影节"上，东南亚地区的电影占了很大一部分。东南亚又一次成为中国电影走向世界的一个强有力的跳板。过去十年间，中国电影频频跻身东南亚票房排行榜的前十，21世纪以来，随着中国电影在东南亚的蓬勃发展，中国电影在世界范围内的国家形象越来越鲜明，其"软力量"地位也越来越突出。①

近年来，中国影视作品在东南亚市场的传播呈现出多元化的发展态势，有学者在泰国、越南、新加坡、印度尼西亚、马来西亚等5个国家进行了调研，结果显示，60%以上的东南亚观众都会收看中国影视作品及综艺节目，其中中国古装剧与美食类综艺是东南亚最热门的电视节目，其中，武打类、玄幻类、宫斗类三类古装剧在东南亚市场上的人气最高。美食节目与中国风景节目在东南亚市场也受到了广泛的关注。东南亚观众观看电视剧的需要与习惯显示了东南亚影视市场的广阔前景，也为中国影视与综艺节目向东南亚输出与传播创造了有利的条件。②

近几年来，我国的网络文学迅速发展，由小众到大众，由国内到国外，并在国外具有很大的影响力。中国的网络文学在东南亚的传播，开始得比较早，影响力也比较大。在传播主体方面，有多种方式的对外译介，国外的民间译介势力快速增长，中国网文的自发翻译与共享的团体与网站增多。在输出的内容上，以女性为主体，以言情、都市为主流。由网络文学 IP 所衍生的影视作品对网络文学的传播起到了促进作用。它所承载的中国文化价值观既具有"中国性"又具有"网络性"。在发行渠道方面，东南亚地区的读者较喜欢电子图书和在线翻译，而非传统的印刷品。在传播对象上，年轻一代和中国网文

① 谭慧，何媛. 中国与东南亚国家的电影交流——"一带一路"倡议背景下的观察与思考［J］. 电影评介，2018（07）：1-6.

② 罗幸，罗奕. 中国影视剧和综艺节目东南亚传播研究——基于2021年的受众调查［J］. 传媒，2022（12）：40-43.

爱好者占主导地位。在传播效应方面，中国网络文学正吸引着越来越多东南亚地区的读者，而中国网络文学已在东南亚地区形成了一批又一批成熟的在线社区，无论从数量还是规模上都取得了一定的传播效应。这将极大地改变我们在东南亚的舆论氛围，并使我们在东南亚国家的读者心中的形象得到改善与提高。①

5.1.3 "一带一路"倡议下中华文化在东南亚传播的国内区位优势

1. 云南的区位传播优势

云南位于东亚大陆和东南亚、南亚的交界处，西部与缅甸接壤，南部与老挝和越南接壤，与邻国关系密切，云南省有壮族、苗族和彝族等二十几个少数民族，是中国边境地区少数民族数量最多的省份。

（1）跨境民族互动不断加强，提升了对周边国家的影响力

德宏傣族景颇族自治州地处缅甸联邦掸邦和克钦邦的交界处，中缅边境居民之间的交流非常频繁，尤其是在节庆期间。"中缅嘉年华会"在德宏州举行了八次，为中缅友谊的传播、两国的民俗文化的传播、中缅之间的经济、文化交流提供了良好的平台。江城哈尼族彝族自治县地处中、老、越三个国家的交界处，是中国为数不多的一眼望三国的地方，在中、老、越友好关系不断发展的今天，江城县政府借着哈尼族节日的东风，在2009年10月举办了"中老越三国丢包狂欢节"活动，老挝、越南也先后派人来中国访问。现在，"中老越三国丢包狂欢节"已成为中、老、越三国建立友好邻邦关系的一种标志，三个国家轮流举办节日交流活动，对维护边疆稳定发挥了极大的作用。

（2）跨境民间文艺团体的交流，成为云南省对外文化交流的新亮点

近几年来，在云南省边境地区，开展了一系列丰富多彩的跨国界的民族文化艺术交流活动。红河哈尼族彝族自治州河口瑶族自治县从2004年起，每逢除夕，都会举办"侨之声"迎春节的大型文艺晚会，邀请越南老街省文艺团

---

① 吴琼．"5W"模式下我国网络文学的周边传播特征研究——以东南亚地区为例[J]．传播力研究，2018, 2 (19)：39.

体参与，港口文化走廊的群众性文艺团体也会进行各种形式的表演，越南群众性文艺团体也会到河口来进行群众性的表演。此外，文山州舞蹈团与麻栗坡县歌舞团也曾受邀到俄罗斯与越南等国进行交流与合作。江城县的少数民族和民乐艺术家还常常被邀请去老挝的蒙乌和乌德表演。临沧市民乐艺术团受邀赴越南、文莱等地进行表演。这一系列的民族文化交流，对邻国的影响很大。

（3）跨境民族民间学术交流活动，加强了睦邻友好关系

2008年1月，红河州哈尼协会、红河哈尼文化国际研究中心在绿春县成功举办了"第6届国际哈尼/阿卡文化学术研讨会"。从2006年到现在，勐海县布朗族发展协会已经成功地组织了五次"布朗族民歌歌咏比赛"，每一次都有来自缅甸、老挝的选手参与，促进了边境地区民族传统文化的保护和传承。这一系列丰富多彩的跨界少数民族学术交流，既展现出中国的开放形象，又展现出中国文化的独特魅力，同时也为加强与邻国的相互了解，促进友好关系，维护边疆安宁起到了积极的推动作用。

（4）跨境民族文化产业快速发展，促进了境外游客的增长

沧源佤族自治县确立了"文化名县、旅游富县"的发展战略，并在此基础上形成了鲜明的特色。腾冲市提出了以旅游业为主，健全通往南亚国家的交通运输网络；民族文化生态村的建设与发展，已经成为边疆文化建设中的一道亮丽的风景线。①

当前，云南对东南亚地区的文化传播工作，已经逐渐形成了"以全省主流媒体为主，多种媒体协同推进"的局面。以"云南电视台""云南人民广播电台""云南日报社"为主体，以"传播中国文化""讲中国故事""发出云南声音"为宗旨，面向东南亚各国，发出云南声音。云南对外宣传"四朵金花"（电子刊物），即《吉祥》（缅文）、《湄公河》（泰文）、《占芭》（老挝文）、《高棉》（柬埔寨文），为中国同东南亚各国之间的文化交流提供了一个良好的平台。《云南日报》是云南日报社的一份党报，紧随时代发展，先后与印尼、缅甸、孟加拉国、柬埔寨等国家的云报集团联合出版了一系列专刊。云南

---

① 普丽春. 桥头堡建设中云南跨境民族的文化交往与安全[J]. 云南民族大学学报（哲学社会科学版），2013，30（02）：12-16.

电视台国际频道于2014年落户老挝，以老挝语转播，是老挝首个以老挝语转播的海外电视台；云广传媒集团落户老挝、柬埔寨，以无线方式实现了无线转播，并已在南亚、东南亚等多个国家进行了大规模的广播电视"三网合一"工程。云广传媒集团还与老挝、柬埔寨和泰国签订了"南丝路影视联盟"协议，加强了同南亚、东南亚各国的影视合作，推动了云南与东南亚各国的影视产业发展。云南广播电视台《香格里拉之音》节目已实现越汉双语播出，目前已辐射到包括越南河内、泰国曼谷等七个东南亚国家的首都，已成为连接双方交流的重要桥梁。云南在"一带一路"共建国家间的知名度和认可度持续提高，在一定程度上促进了与南亚、东南亚等地区的长期文化合作。①

云南日报报业集团始终处于当地主流媒体对外宣传的最前沿，致力于开拓与东南亚各国的新渠道，为东南亚各国的对外宣传提供了一条新的途径。旗下的《中国·云南》（原为《美丽云南》），以宣传云南的新举措、新成就、云南的旅游文化、云南的投资贸易等为主题，以"一带一路"倡议为大背景，以新媒体的形式，以更好的宣传内容、更高的水平、更广的影响力、更好地树立中国形象为宗旨。云南日报报业集团从2013年到2017年年底，在与东南亚各大主流媒体的共同努力下，共推出了十二个系列的《中国·云南》专题，实现了南亚、东南亚主要国家的全方位报道，有力推动了中国云南与南亚、东南亚各国的交流与合作。2012年1月，由云南省政府新闻办公室主办、云南日报报业集团承办的多语种门户网站"云桥网"正式开通，包括泰语、越语、柬埔寨语等十种语言文字、"外宣四刊"的电子版以及国内和周边国家的新闻资讯，已成为目前我国运用语言版本最多的网站之一。②

在党的十九大专题报道中，云南日报报业集团根据自身定位和受众群体专门制定了面向东南亚的传播策略，采用内、外双视角切换，设立《中国故事》《外国人眼中的十九大》等栏目，以中、英、缅等多种语言向国内外受众展示中国（云南）自党的十八大以来取得的巨大成就。盛会闭幕后注意倾听国

① 马金. "一带一路"背景下云南面向南亚东南亚开展文化传播分析[J]. 农村经济与科技, 2018, 29 (13): 289-290.

② 刘健, 郭丽梅, 方汉. 面向东南亚的国际传播思考——以云南日报报业集团为例[J]. 传媒, 2019 (07): 40-41.

际社会尤其是来自东南亚的声音,以特稿方式进行集纳式报道。[①]

《推动共建丝绸之路经济带和21世纪海上丝绸之路的愿景与行动》指出,要发挥云南的区位优势,加快建设与周边国家接壤的国际运输通道,打造"大湄公河"新的经贸新高地。在《云南省文化厅"十三五"时期文化发展改革实施方案》中,云南省将进一步提高文化开放水平作为总体目标,提出要"主动融入国家'一带一路'倡议,紧紧围绕建设南亚、东南亚等地区的辐射中心这一核心任务,从制度、平台、项目、品牌等方面,加快形成较为完善的国际文化交流体制"。以"一核,两群,四线,五廊,七区,十片,多点"为核心,重点突出"茶马古道"文化走廊建设,服务并融入"一带一路"倡议,加快推进"全国藏羌彝文化产业走廊"云南廊道建设,打造"跨界民族文化交流走廊",推动云南与邻国文化产业特别是文化旅游业的联动发展。[②]

东南亚地区因其特殊的区位优势,成为"一带一路"倡议的纽带,是中国迈向印度洋,实现21世纪伟大发展战略的必经之路,也是中国维护西南边疆安全与稳定的关键。云南是该地区"讲中国故事,发出中国声音"的最好前线,云南与东南亚各国"一衣带水",有着得天独厚的地缘、文缘、人缘等方面的优势,这将有助于云南在该地区的对外宣传能力的提升,基于此,我国将进一步深化与东南亚各国之间的友谊,推动"一带一路"倡议在东南亚的实施,从而为"一带一路"倡议的顺利实施创造一个良好的国际环境。[③]

2. 福建的区位传播优势

东南亚与中国接壤,既是"一带一路"倡议实施的中心,又是中华文化辐射的重要地区,具有重要的战略意义。福建民俗在东南亚地区传播时间较长,福建省石狮市"城隍"已传至菲律宾、马来西亚、泰国和缅甸;安溪的"城隍"分传到新加坡、马来西亚等地;印尼的苏门答腊、雅加达也都有供奉

① 周群. 对周边国家外宣的路径优化思考——以广西、云南对东南亚的传播实践为例[J]. 新闻潮, 2020 (03): 4-7.

② 向勇, 花建, 李尽沙. 中国"一带一路"文化产业合作的形势与趋势(2013~2019)[M]//向勇, 李凤亮, 花建, 李尽沙, 于悠悠. "一带一路"文化产业合作发展报告(2019). 北京:社会科学文献出版社, 2020: 1-30.

③ 时遂营, 刘纯怡. "云南故事"对外传播策略研究[J]. 名作欣赏, 2019(02): 37-38.

"城隍"。而福建安溪市的"清水祖师"信仰也传到泰国，有祖师公祠、顺兴宫、福元宫等；在印度尼西亚的雅加达有金德院、北苏门答腊有福临宫；在新加坡有金兰庙、蓬莱寺、镇南寺；在马来西亚有原名清水庙的蛇庙；在缅甸仰光有福山寺；在菲律宾、越南也都有清水祖师庙。被奉为"世界海神"的妈祖信仰在东南亚也十分兴盛，仅马来西亚一地就建有天后宫三十五座，新加坡供奉"妈祖"的天福宫，以其精美而富丽堂皇的建筑风格，融合了历史、地理、民俗、文化、教育、古建筑、雕塑、美术，而成为一座宏伟的中华宗教文化殿堂，并于2001年荣获"亚太文化遗产表演奖"。①

厦门卫视是中国第一家以闽南文化为主的卫视，在面向东南亚地区的宣传上，既具有独特的文化优势，又具有独特的语言优势。为融入"一带一路"倡议，厦门广电集团于2016年8月2日在马来西亚成立了厦门电视台东南亚工作室，并向其派驻了一批常驻记者，使厦门电视台成为中国首个在东南亚设立工作室的地方电视台。有超过一千万东南亚华侨，他们的祖先是福建人，会说闽南话。厦门广电是本地传媒，旗下有厦门电视台，以闽南语为特色，具有"乡音""乡愁""华社"等特点，在东南亚地区的宣传上，更易于凝聚民心、拓展国际影响。近年来，厦门广电立足马来西亚，对东南亚侨胞的生活和工作进行了深入的报道，先后推出《大马华商》《大马华人聚落》《听见大马》《南洋家书》《南侨机工：远去不忘》等五十多个优秀节目，为厦门对外宣传树立了一个有特色的品牌。其中，《南洋家书》再现了一批濒临消失的"侨批"故事，为中国二百多年来海外侨居、侨民迁徙提供了宝贵的史料佐证，并入选2017年"第三批优秀国产纪录片"，并在全国各大广播电视台进行推介与展播。厦门广电公司驻马工作站紧紧围绕"海丝"这一主题，以"讲故事""说中国"为己任，先后推出《风从东方来》《沧江连丝路》《文化下南洋》等四十余个专题报道。在"金砖国家领导人厦门会晤""'一带一路'国际合作高峰论坛""改革开放四十周年"等重大活动中，厦门"对外传播"成功打响了自己的品牌。②

① 蔡明宏.中国福建民间信仰在东南亚的传播力研究——基于"一带一路"视角[J].中央民族大学学报（哲学社会科学版），2019, 46（01）：158-167.

② 邵琦.地方主流媒体提升国际传播能力的策略研究——以厦门广电集团东南亚新闻实践为例[J].东南传播，2019（11）：64-66.

厦门港在历史上一直是"五口通商"、东南海运枢纽、改革开放以来的一个重要窗口。自2016年8月首条"海丝"游轮航线正式运营至今,厦门港口控股集团始终积极响应"一带一路"倡议,积极开拓"一带一路"特色游轮,在全国率先取得了良好的发展,获得了良好的市场反馈。厦门港邮轮航线的特点,就是以文化品牌的输出为纽带,将中国人与中国人的感情联系在一起。2018年3月22日,中国第一个以游轮为载体,开展"一带一路"文化与艺术交流的"海丝路·福建情"文化与旅游会演,在厦门国际游轮上起航,分别在菲律宾、文莱和马来西亚等地进行了一次"海丝"之旅,传递家乡的声音和情感,展示了自己的文化自信,点燃了海外侨胞的"泪点",在沿途各国取得了很好的社会反响。5月4日,在"海丝路,福建情"文化和旅游会演的激励下,菲律宾巴隆格远征舰队访问了厦门,并将厦门作为中国的第一站,开始了一段"海丝"之旅。下半年,厦门母港将持续开展具有闽南风情的"妈祖金身下南洋"等主题游轮,厦门港将持续开展"游轮+文化"的宣传,以"游轮+文化"的方式,对游轮市场进行有效的培育,打造"文化母港,高颜值景观带",展现厦门丰富多样的文化和旅游资源,并以此为契机,吸引东盟"友好之舟",实现"走出国门"和"引进国门"的有机融合,为厦门和"一带一路"共建国家的交流和交往架起一座友好的桥梁。

福建是"21世纪海上丝绸之路"的中心省份,因此福建省提出了一系列切实可行的措施,以推动"一带一路"的发展。为加快21世纪海上丝绸之路核心区建设,福建省于2015年3月发布了《福建省21世纪海上丝绸之路核心区建设方案》,将福建省确定为"21世纪海上丝绸之路"的一个关键节点。在具体措施上,要把加强人文交流和合作作为重点,大力扶持福建优秀的文化产品"走出去",大力开展各种会展、节庆和展览表演活动。整合全省的文化资源,支持泉州牵头会同相关国家和地区的城市联合申报"海上丝绸之路"世界文化遗产;推进"海上丝绸之路数字文化长廊"建设;争取在莆田建立世界妈祖文化中心,定期举办各种祭祀、民俗活动,增进民间互信。《福建省"十三五"文化改革发展专项规划》提出,将"海上丝绸之路核心区文化建设有效推进"作为"十三五"期间的一个发展目标,并为此提出了五条措施,即:加强顶层规划,加大对文化资源的挖掘,推动文化遗产的申报和保护利用，拓宽文化交流渠道，实施文化交流和合作项目。福建省在重视文化遗产的保护与利用、促进文化交流方面，与全国其他省市相比，其特色是重视海丝文化载体平台的搭建，以"海丝文化资源库""海丝文化资源服务协作网""海丝文化展示平台"为依托，实现文化资源的集聚。①

3. 广西的区位传播优势

广西南部与越南接壤，是中国唯一一个陆路和海路直通东盟国家的省份。广西对外文化交流协会于2002年9月推出中国唯一的中越双语刊物《荷花》，作为以越南为对象的边疆宣传刊物，以反映中国的政治、经济、社会、文化、中越之间的交流与联系为主题。广西日报传媒集团于2003年11月设立了东盟部，并与越南有关媒体建立了长期合作关系，定期编辑出版《东盟之窗》专题专栏，于2019年在柬埔寨设立了对外联络办事处，逐渐加强了与东盟各国的沟通能力。广西外宣台与中国国际广电局共同推出中国第一个区域海外广播北部湾之声，以广西为中心，面向东南亚为中心，以英语、泰语、越南语、广东话和普通话等五种语言进行播音。自2011年起，中国新闻社与广西相关部门联合开展了"境外媒体聚焦广西""柬埔寨主要媒体赴华短期访谈计划"等主题访谈活动，并邀请了东盟十余家媒体"走进来"感受中国，形成了一批面向东盟各国交流的媒介群体，拓展了对外交流的渠道，影响范围不断扩大。广西将打造面向东盟的"中国–东盟信息港"和"中国—东盟网络音像产业"，努力打造国内领先，周边辐射东盟的国际新媒体产业；广西人民广播电台推出"中国—东盟云"融合媒体云平台，在组织架构和内容生产上寻求突破；"中国—东盟媒体合作论坛""东盟全媒体记者研修班"等媒体交流合作活动频繁。②

广西广播电台和缅甸电视台联合制作的《中国电视剧》栏目于2017年8月22日正式开播，这也是中国传媒和缅甸电视台第一次以固定时段的形式联合制

① 向勇, 花建, 李尽沙. 中国"一带一路"文化产业合作的形势与趋势（2013—2019）[M]//向勇, 李凤亮, 花建, 李尽沙, 于悠悠. "一带一路"文化产业合作发展报告（2019）. 北京: 社会科学文献出版社, 2020: 1-30.

② 周群. 对周边国家外宣的路径优化思考——以广西、云南对东南亚的传播实践为例[J]. 新闻潮, 2020（03）: 4-7.

作的电视节目。缅甸是广西广播公司与东盟国家电视台进行影视作品翻译的第三个合作伙伴。广西广播电台于2014年8月与柬埔寨中央电视台签订合作协议，共同创办了《中国剧场》的固定电视节目，正式开启了《中国剧场》在东南亚的发展之旅。2016年，《中国剧场》被列入中宣部、国家广播电视总局"丝绸之路影视桥工程"重点项目。广西广播公司在柬埔寨，老挝、泰国等国家设立了影视翻译站，将影视翻译的窗口前移到东盟地区，吸引国外影视艺术专业人才加盟，实现影视翻译的"本地化"，促进中国文化的"本地化"。《中国剧场》是中国边疆地区与"一带一路"共建国家进行新闻报道的一种新形式，将中国影视和动画作品在东南亚地区的落地和宣传，并将其打造成中国"走出去"的一个品牌。①

5.2 "一带一路"倡议下中华优秀传统文化在非洲的传播

5.2.1 中非命运共同体的构建带来中华文化传播新契机

2021年11月29日至30日，中非合作论坛第八届部长级会议召开，中非双方共同制定了《中非合作2035年愿景》，确立了中长期合作方向和目标，推动构建更加紧密的中非命运共同体。中非秉持共商、共建、共享原则和绿色、开放、廉洁理念，精准对接"一带一路"倡议与非洲发展议程，充分发挥中非合作论坛引领作用，巩固传统合作，开拓新兴领域，加速合作转型升级、提质增效，成果广泛惠及中非人民，结为更紧密的共建"一带一路"伙伴。中非共同建立促进中非文明平等互鉴、繁荣共兴的长效机制，支持艺术团组互访、影视文化合作、语言人才培养，共同推动国际汉学和非洲研究的发展，扩大中非文化的国际认知度和影响力，促进世界文化多元发展。中非加强体育领域务实

---

① 凌晨. 从跨文化传播角度浅析《中国剧场》系列栏目在东南亚的传播策略 [J]. 中国广播, 2018（01）：23-26.

合作，支持举办达喀尔2026年青奥会，促进非洲体育事业发展；中非加强在新闻报道、视听节目内容创作、媒体从业人员培训、传媒技术等方面的合作，帮助非洲传媒业加强信息生产和传播能力，助力"智慧非洲"建设和媒体融合发展。加强中非出版交流合作，以书为媒，讲好中非合作友谊故事；中非合作促进旅游业发展，中国帮助非洲加强旅游领域能力建设，发展绿色旅游和相关服务业，支持非洲国家成为中国公民组团出境旅游重要目的地，助力非洲旅游振兴。

2000年10月，中非联合发起设立了中非合作论坛，论坛的成员包括中国及五十三个同中国有外交关系的非洲国家和非洲理事会。中非合作论坛成立二十多年来，中非务实合作，全面拓展，中非关系实现了跨越式发展，非洲中文传播也进入了新的历史发展时期，中方积极在非洲开设孔子学院，面向非洲提供教育基金，提供学习汉语的技术、设备、人才支持，越来越多的非洲大学开设了中文专业，媒体传播得到进一步发展。2005年，南非最大的电视公司开始向全国播放中文节目。同年，《非洲时报》这一面向全非洲发行的中文报纸在南非约翰内斯堡创刊。2012年，中国国际电视台非洲分台正式开播。中文互联网的发展也为中文在包括非洲在内的全球传播打开了一扇重要的信息之窗。非洲中文传播逐渐呈现以中文教学为主的社会化网络模式。在这一时期的非洲中文传播中，政府、学校和媒体等发挥了各自的作用，形成了多元主体协同互动的社会传播网络。[①]

以中非合作为契机，推动建立"一带一路"框架下的中非合作。第一，建立中非经贸合作伙伴关系。中国必须同非洲大部分国家建立良好和稳定的贸易关系，必须建立多种形式的自由贸易区，以推动中国和非洲国家间的货物和生产要素的自由流通；以建立中非自贸区为契机，建立一个比较完善的统一市场，以实现中非经济资源的最优配置；中国和非洲贸易发展的根本目的就是要使中非在贸易自由化和市场开放过程中实现互利共赢，建立互利共赢的互惠关系。第二，建立中非工业和投资共同体。非洲大部分国家尚未完成工业化，大

---

① 王辉，郑崧. 人类命运共同体视域下非洲中文传播的实践进路［J］. 西亚非洲，2022（05）：86-108，158-159.

力推进工业化、城镇化是非洲可持续发展的根本，必须以投资为导向，开展中非双边、多边投资合作，推动中非产业分工、协作，在中国和非洲建立产业链网络系统，是中非共同的需求，双方可以在投资、产业合作中达到互惠双赢，从而推动中非的投资、产业共同体建设。第三，建立中非地区的安全和责任共同体。中国与非洲国家共同肩负着维护中非经贸关系的责任，维护双方在经贸、投资方面的正当权益，中国与非洲国家要共同面对并妥善处理好中非双边与多边合作所面临的各种极端势力、分裂势力、恐怖主义和霸权主义，建立利益、责任、安全的均衡机制，充分调动中非及各社会阶层的积极性与责任感，推动建立中非安全与责任共同体。第四，中非的利益和价值观是一致的。在中非之间，形成具有共同利益的国际社会结构网络系统；在不同的价值观和意识形态系统中，相互尊重，共同防范各种极端化、原教旨化、民粹化的思潮、价值观和意识形态对中国和非洲的不利影响；在不同的价值观和价值观系统中，共同建立分工合作、和谐共赢的新型的共同利益和价值观系统。①

"一带一路"是中非命运共同体建构的"桥梁"，"一带一路"倡议有五大重点合作领域，中国与非洲在这五大重点合作领域中有着广泛的利益共识。在"一带一路"的合作框架下，中国与非洲分别达成了"十大合作计划"和"八大行动"。2015年12月，习近平访问非洲时提出将中非新型战略伙伴关系提升为全面战略合作伙伴关系。2018年9月，习近平再次提出中非全面战略合作伙伴关系大有可为。中国提出共建"一带一路"倡议是为了更好地促进中国与非洲之间的共同发展，打造中非命运共同体。无论世界格局如何变化，中国与非洲始终具有共同的合作基础，中国始终与非洲人民站在一起，维护发展中国家的共同利益。中非全面战略合作伙伴关系的提出反映出中国与非洲在各个领域内都有着广泛的共识，因而打造中非全面战略合作伙伴关系网络对中非命运共同体的建构具有重大的战略意义。②

2013年3月，习近平主席首次提出构建人类命运共同体重大理念。将其细化至地区层面，"中非命运共同体"的打造为中非发展跨越式伙伴关系提供了

① 保建云. "一带一路"与中非命运共同体[J]. 人民论坛, 2018（26）: 44-46.
② 曹亚雄, 孟颖. "一带一路"倡议与中非命运共同体建构[J]. 陕西师范大学学报（哲学社会科学版），2019, 48（03）: 55-64.

新的施展平台。习近平在担任国家主席后的首次出访就选择非洲作为目的地。在对南非、坦桑尼亚和刚果（布）进行国事访问时，他提出"中非从来都是命运共同体"，并明确了在新形势下中国发展与非洲各国关系应秉持的四字原则——"真、实、亲、诚"，作为"中非命运共同体"构想的补充。[①]中非命运共同体构建为中华优秀传统文化在非洲传播带来新的动力、新的平台。

5.2.2 "一带一路"倡议下中非"贸易热"带来的中华文化传播热潮

1. 中非贸易的蓬勃发展带来中文学习热潮

中国自2009年起连续12年稳居非洲第一大贸易伙伴国地位，中非贸易额占非洲整体外贸总额比重连年上升，2020年超过21%。中非贸易结构持续优化，中国对非出口技术含量显著提高，机电产品、高新技术产品对非出口额占比超过50%。中国主动扩大自非洲非资源类产品进口，对非洲33个最不发达国家的97%税目输华产品提供零关税待遇，帮助更多非洲农业、制造业产品进入中国市场。据统计，2017年以来中国从非洲服务进口年均增长20%，每年为非洲创造近40万个就业岗位。[②]

近年来，中国自非农产品进口持续增长，已成为非洲第二大农产品出口目的国。中非电子商务等贸易新业态蓬勃发展，"丝路电商"合作不断推进，中国已与卢旺达建立电子商务合作机制，中国企业积极投资海外仓建设，非洲优质特色产品通过电子商务直接对接中国市场。中国—毛里求斯自贸协定于2021年1月1日正式生效，成为中非间首个自贸协定，为中非经贸合作注入新动力。结合非洲需要和中国优势，中国鼓励和支持中国企业扩大和优化对非投资，为符合条件的项目提供融资及出口信用保险支持。在中国政府、金融机构和各类企业合力推动下，中国对非投资呈现良好发展态势，广泛涉及矿业开采、加工冶炼、装备制造、农业开发、家电生产、航空服务、医药卫生、数字经济等产业，帮助非方提升了有关产业工业化水平、产业配套和出口

---

① 马博,朱丹炜.国家身份变迁:新中国援非政策与"中非命运共同体"构建[J].亚太安全与海洋研究,2019（04）：96-112+4.

② 构建更加紧密的中非命运共同体[N].国际商报,2021-11-30（06）.

创汇能力。

由于"一带一路"倡议下中非贸易的蓬勃发展，大量频繁的贸易交流带来中文使用的高需求，使语言文化传播提升到一个新的高度。

2. "贸易热"赋能孔子学院和中文教育在非洲升级发展

中国于2004年成立了孔子学院，目的是普及中文，弘扬中国文化，这标志着中文教育由"引进来"到"走出去"的转变。2005年，非洲首家孔子学院——肯尼亚内罗毕大学孔子学院揭牌成立，开启了非洲中文传播的快速发展。根据中国国际中文教育基金会网站公布的数据，截至2022年3月，非洲45个国家开设了62所孔子学院，非洲20个国家开设了48个孔子课堂。[1]非洲中文传播基础相对薄弱，孔子学院协助非洲各国构建中文教育网络，在非洲的中文传播中发挥了不可替代的作用。根据中国政府公布的数据，中国支持30余所非洲大学设立中文系或中文专业，配合16个非洲国家将中文纳入国民教育体系。2004年以来，中国共向非洲48国派出中文教师和志愿者5 500余人次。随着中非共建"一带一路"的不断深化，将中文纳入国民教育体系的非洲国家在数量上呈"爆发性"增长。喀麦隆（2012年）、赞比亚（2014年）、南非（2015年）、坦桑尼亚（2015年）、津巴布韦（2015年）、布隆迪（2017年）、佛得角（2017年）、乌干达（2018年）、尼日利亚（2019年）、肯尼亚（2020年）、埃及（2020年）等国家也相继宣布将中文纳入国民教育体系。[2]

《中非合作论坛北京行动计划（2007—2009年）》中明确提出：中国中国政府对非洲留学生每年资助4 000人次，这是中非合作论坛第三届部长级会议在2006年11月通过的。中国应非洲各国的需求，在非洲建立了孔子学院，为非洲各国提供汉语教育，并支持中国相关大学开设非洲语文教育课程。中非合作论坛于2009年11月在其第四次部长级会议上通过了《中非合作论坛—沙姆沙伊赫行动计划（2010—2012年）》，其中明确指出，在2012年前，中国政府将向非洲提供的奖学金名额提高到5 500人；大力发展孔子学院，为赴中国汉语教师提供更多的奖学金，并加强对非洲汉语教师的培训。2012年7月，在中非

---

① 中国国际中文教育基金会网站：https://www.cief.org.cn /qq, 2022-05-13.

② 王辉，郑崧. 人类命运共同体视域下非洲中文传播的实践进路［J］. 西亚非洲, 2022（05）：86-108, 158-159.

合作论坛第五届部长级会议上，通过了《中非合作论坛第五届部长级会议—北京行动计划（2013年至2015年）》，确定将在非洲继续推进孔子学院及孔子教室的建设，并将在提供师资力量、教学设施等方面给予大力支持。2015年12月，中非合作论坛约翰内斯堡峰会暨第六届部长级会议通过的《中非合作论坛—约翰内斯堡行动计划（2016—2018年）》确定，中国将为非洲国家提供本科学历教育2000个，以及政府奖学金30 000个。中国对把汉语融入非洲国家的国民教育中表示欢迎，并支持更多的非洲国家设立孔子学院、孔子教室。《中非合作论坛—北京行动计划（2019—2021年）》明确提出，将向非洲地区提供中国政府奖学金名额50 000个；中国将一如既往地支持非洲已有孔子学院（班）的建设和非洲合格院校申请孔子学院（班），并欢迎非洲国家把汉语作为国家教育系统中的一门重要课程。中国愿意继续向非洲国家提供汉语教育，向他们派遣汉语老师、志愿者，向他们捐赠汉语教材，向他们提供孔子学院的奖学金，为他们培训当地的汉语老师。中非合作论坛于2021年11月通过了《中非合作论坛—达喀尔行动计划（2022—2024）》，其中明确了"持续支持非洲孔子学院及孔子教室"的目标。中国对非洲国家把中文融入国民教育系统表示欢迎，并将以各种形式为非洲国家提供中文教育方面的支持。[①]

进入21世纪，我国又先后在埃及（2002年11月）和尼日利亚（2013年9月）设立了中国文化中心，使我国在非洲的文化中心达到四个。它们作为我国派驻非洲的官方文化机构，是推动中华文化走出去的重要阵地，是开展文化外交、公共外交的重要平台，在提升我国文化软实力方面发挥了重要作用。肯尼亚内罗毕大学孔子学院是我国在非洲设立的首家孔子学院，于2005年12月正式揭牌。孔子学院以推广汉语、传播中国文化为己任，是我国扩大对非文化传播的又一重要阵地，成为中国在非洲软实力的一个响亮品牌。[②]

中非在政治、经济、教育、科技、文化等多个领域的合作与交流不断拓展与深化，尤其是"孔子学院"的成立，极大地促进了汉语教育与中国文化在非洲的传播，使得非洲各国对汉语的需求快速增长。自1954年中国首次派遣汉

① 王辉，郑崧. 人类命运共同体视域下非洲中文传播的实践进路 [J]. 西亚非洲, 2022（05）: 86-108, 158-159.

② 吴传华. 中国对非洲文化传播: 现状与挑战 [M] //张宏明, 贺文萍. 非洲黄皮书: 非洲发展报告No. 17
（2014~2015）. 北京: 社会科学文献出版社, 2015: 29-44.

语老师赴埃及开罗大学任教以来，非洲地区的汉语教育也从零开始不断发展。在此后的几十年里，中国政府派出200余位汉语教师赴非洲。[①]2004年10月，"国际汉语教师中国志愿者计划"启动，第一次有五名志愿者被派遣到非洲，在毛里求斯从事中文教育工作，逐步成为非洲汉语教育的一支重要力量。2005年，肯尼亚内罗毕大学创办了非洲第一所孔子学院，通过"中外合作"的方式，培养了非洲当地的汉语教师。[②]

中非汉语教育平台正从中国政府支持、中国高校牵头的汉语训练中心，逐渐向外国政府申请，由中非两所大学共同参与的孔子学院转变。孔子学院的建设已初具规模，"一院多点"的办学模式已在全非洲范围内展开。在北非、东非、西非、中非，南非等五个地区，多所孔子学院及孔子教室已经建成。2007年，喀麦隆汉语训练中心在喀麦隆建立了雅温得第二大学孔子学院。在其建设中，首倡"一院多点"的办学模式，也就是一所孔子学院，在其所在国家的各个区域、各个大学开设若干个汉语教学基地，并将汉语师资、教学资源等纳入孔子学院的统一管理之中，这不仅能够满足人们对汉语、对中国认识的实际需要，而且能够有效降低管理费用，对非洲大部分国家仅有一所孔子学院的落后状况，具有很好的促进作用。汉语教育符合非洲人民的需要，教育水平在不断提高。针对各国孔子学院起步阶段，分层次、分类型地开展汉语培训。同时，一些孔子学院也将汉语教学从中小学扩展到大学，并将其融入本国正规的教育系统，例如喀麦隆，其中学也有汉语课。一些孔子学院正协助合作高校和其他高校开设汉语教育专业，为当地高中汉语教师提供培训，并推动汉语教师本地化。中国开展了多姿多彩的文化活动，加强了中非的文化交流。在汉语课程之外，孔子学院也组织学生参加各种文化活动，如以太极拳、书法、剪纸、中国戏剧、中国结为主题的活动，并定期举行有关中国政治、经济、文化、教育的专题讲座，使非洲民众更好地了解中国文化。孔子学院充分利用中国传统节日，如春节、元宵节、端午、中秋节等，开展了丰富多彩的文化活动。在孔子学院总会的大力支持下，孔子学院每年都会派出一批杰出的学生在暑假到中

①　徐丽华.论非洲本土汉语教师培养模式［J］.汉语应用语言学研究, 2014（00）: 176-184.

②　徐丽华.论非洲本土汉语教师培养模式［J］.汉语应用语言学研究, 2014（00）: 176-184.

国学校学习，让学生们更好地了解中国，更好地了解中国文化，以推动中非之间的文化交流。随着我国汉语国际教育学硕士点的发展，孔子学院奖学金的建立，以及孔子学院本部汉语本地师资到中国的培养计划的实施，本地师资的数量逐渐增多，并有更多本地化师资进入汉语师资队伍。教学资源日趋丰富，教材的本地化得到了越来越多的关注。孔子学院总会针对孔子学院的教育资源十分重视，不仅为学生提供各种汉语读物，而且对汉语读物的运用进行了专门的训练。孔子学院总会为满足信息时代的需要，创建了"环球网上孔子学院"，并创建了"电子化"的教育资源库。为使教学更具国家特色，总会正积极鼓励各地的孔子学院与中国的老师合作，为当地的学生提供合适的教学材料。《友好汉语》一书已由博茨瓦纳大学的孔子学院编印，喀麦隆雅温得第二大学的孔子学院、埃及开罗大学的孔子学院、肯尼亚内罗毕大学的孔子学院，也陆续编印了本地化的汉语教材。①

在非洲比较有影响力的几个国家也是推广汉语最成功的国家，比如埃及、南非、喀麦隆、肯尼亚。就汉语的传播而言，这几个国家正在起着区域性的辐射效应。同时，以埃及艾因夏姆斯大学和南非斯泰伦博什大学为代表的非洲大学，也渐渐成了非洲汉语推广的主要力量。

以上各高校均设立了孔子学院，而孔子学院在汉语教育资源的整合、中国文化的传播、汉语教学、汉语教师的培训，以及根据本地教学需要编写汉语教材等方面所起到的作用日益显著。突尼斯教育部门于2003年公布，在高中二年级开始开设汉语公共选修课程。从2004年开始，已经有十多所高中开始开设汉语课程。突尼斯教育部于2008年发布了一项新的规定，即中文专业考生应在中学时接受汉语教育。埃及教育部门已经发布了将汉语列为第二外语的文件。南非教育部门制定了一项政策，凡是在南非学习、居住超过五年的学生，只要说汉语，就可以参加中学统考，并将其选入汉语。南非教育部门也承诺，于2009年前在南非100所中学提供汉语课程。中国汉办和肯尼亚签订了在尼安萨省的省会苏木市建立汉语学校的合作协议。汉语教学在苏木建立后，将第一次被纳入地方小学和中学的教育系统。大力发展非洲汉语，对促进中非人民相互了解，

---

① 徐丽华.非洲孔子学院：检视、问题与对策[J].浙江师范大学学报（社会科学版），2012，37（06）：52-56.

巩固中非友好关系,推动中国文化走向非洲,发挥着越来越重要的作用。①

3."贸易热"下中非人文交流与合作再上新台阶

"一带一路"的发展使中非人文交流与合作再上新台阶,使中华文化传播的路径更加广泛。中非双方积极签署双边政府文化协定执行计划,通过合作举办"国家年""文化年""欢乐春节""中非文化聚焦""意会中国"等品牌活动,进一步深化了文化交流与合作。截至2020年12月,中非签署并落实了346个双边政府文化协定执行计划。2013年至2020年,中方组派艺术团赴非140国(次)举办演出。2013年以来,邀请非洲28国的艺术团来华演出。2016年以来,中方为非洲国家举办文化领域研修班上百个,非方参与人员累计近1 500人。目前,中国在毛里求斯、贝宁、埃及、尼日利亚、坦桑尼亚、摩洛哥等地设有中国文化中心,已与突尼斯、肯尼亚、科特迪瓦、塞内加尔、埃塞俄比亚、莫桑比克签署互设文化中心或设立中国文化中心的政府文件。②截至2021年11月,中国与31个非洲国家签署双边旅游合作文件,已将34个非洲国家列为中国公民组团出境旅游目的地,与22个非洲国家正式开展中国公民组团旅游业务。

4."贸易热"下中国影视在非洲传播的成绩显著

中非就深化新闻合作、网络空间管理、处理媒体关系不断加强对话与交流,共同举办了中非媒体领袖峰会、中非媒体合作论坛等大型交流活动。30家非洲媒体加入"一带一路"新闻合作联盟,42个非洲国家参加"一带一路"媒体合作论坛。中国支持非洲广播电影电视产业发展,积极落实"为非洲1万个村落实施收看卫星电视项目",支持在非洲农村和偏远郊区开展"大篷车"等户外放映活动,覆盖12个非洲国家70多个村庄和地区。中非双方鼓励联合开发制作、创作更多讲述非洲故事、中非友好故事的作品。中国企业为1 300万非洲用户提供11种语言、600多个频道的节目资源;近年来,中国对约200部中国优秀视听作品进行面向非洲的多语种译制,在10余个非洲国家举办中国电影展映展播活动,每年都有一定数量的非洲影片在中国电影节上展映。③

2012年年底制定和启动了"中国优秀影视作品走进非洲"工程,选取中

---

① 徐丽华,郑崧.非洲汉语推广的现状、问题及应对策略[J].西亚非洲,2011(03):42-46,80.

② 中华人民共和国国务院新闻办公室.新时代的中非合作[N].人民日报,2021-11-27(06).

③ 中华人民共和国国务院新闻办公室.新时代的中非合作[N].人民日报,2021-11-27(06).

国优秀影视作品译制成英语、法语、阿拉伯语、斯瓦希里语和豪萨语等，在非洲国家播出。2011年11月，经过各方长时间的共同努力，斯瓦希里语翻译配音版中国电视剧《媳妇的美好时代》（斯瓦希里语译名为《豆豆和她的婆婆们》）在坦桑尼亚国家电视台首播，并取得超乎预期的效果和轰动效应。此后《妈妈的花样年华》《老爸的心愿》《金太狼的幸福生活》等电视剧被陆续译制成斯瓦希里语剧，在坦桑尼亚及东部非洲播放，对推动中国优秀影视作品走进非洲、中国文化走进非洲具有重要意义。①

5.3 "一带一路"倡议下对非援助带来的文化传播

5.3.1 中国与非洲各领域的合作

1. 经济援助

中国在实现自身发展的进程中，始终关注和支持非洲国家改善民生、谋求发展的事业。进入新时代，中国在力所能及的基础上不断加大对非援助。2013年至2018年中国对外援助金额为2 702亿元人民币，其中对非洲国家的援助占比44.65%，包括无偿援助、无息贷款和优惠贷款。2000年至2020年，建成的公路铁路超过13 000千米，建设了80多个大型电力设施，援建了130多个医疗设施、45个体育馆、170多所学校，为非洲培训各领域人才共计16万余名，打造了非盟会议中心等一系列中非合作"金字招牌"，涉及经济社会生活的方方面面，受到非洲国家政府和人民的广泛欢迎和支持。②中国已经宣布免除与中国有外交关系的非洲最不发达国家、重债穷国、内陆发展中国家和小岛屿发展中国家截至2018年年底前未偿还政府间无息贷款。

中国积极同非洲分享农业发展经验技术，支持非洲国家提高农业生产和加工水平，推动农业产业链建设和贸易发展。2012年以来，在华培训非洲农业

---

① 吴传华. 中国对非洲文化传播：现状与挑战 [M] //张宏明, 贺文萍. 非洲黄皮书：非洲发展报告No. 17（2014~2015）. 北京：社会科学文献出版社, 2015：29-44.

② 中华人民共和国国务院新闻办公室. 新时代的中非合作 [N]. 人民日报, 2021-11-27（06）.

学员7 456人次；通过实施援非百名农业专家、援非农业专家组等项目，培训非洲当地5万余人次，建成23个农业示范中心。截至目前，中国与23个非洲国家及地区组织建立农业合作机制，签署了双多边农业合作文件72项。自2012年至今，中国已同20多个非洲国家和区域机构签订了31份有关农业方面的文件。2019年，中非举行了第一次"中非农业合作论坛"，在农业现代化方面开展了一系列合作，并在此基础上开展了一系列工作。到2020年年末，已有200多家中国企业在非洲进行农业投资，包括35个非洲国家，总投资额11.1亿美元，涉及从种植、养殖到农产品加工的各个行业，350余种非洲农产品和食品可开展对华贸易，中非的农产品贸易不断扩大。①

在工业方面，中国支持非洲国家根据自身国情和发展需求，改善投资软硬环境，以产业对接和产能合作为龙头，助力非洲工业化和经济多元化进程。截至2021年11月，中国与15个非洲国家建立产能合作机制。中国与非洲国家合作建设经贸合作区、经济特区、工业园区、科技园区，吸引各国企业赴非投资，建立生产和加工基地并开展本土化经营，增加当地的就业和税收，促进产业升级和技术合作。中非产能合作基金围绕非洲"三网一化"（高速铁路网、高速公路网、区域航空网和工业化）建设战略开发业务，截至2021年3月，累计投资21个项目，涉及能源、资源、制造业等多个领域，有力带动非洲国家产业发展。数十家中资企业与非洲企业合作建设光伏电站，累计装机容量超过1.5吉瓦（GW），填补非洲光伏产业链空白，有效缓解当地用电紧缺问题并促进低碳减排。在经济援助下形成了交流机会，促进了中华文化传播。②

2. 基础设施援助

中国支持非洲将基础设施建设作为经济振兴的优先发展方向，鼓励和支持中国企业采取多种模式参与非洲基础设施建设、投资、运营和管理。2016年至2020年，非洲开工建设的基础设施项目总额近2 000亿美元，2020年中国企业实施的项目比已达31.4%。中非合作论坛成立以来，中国企业利用各类资金帮助非洲国家新增和升级铁路超过1万千米、公路近10万千米、桥梁近千

① 中华人民共和国国务院新闻办公室. 新时代的中非合作 [N]. 人民日报，2021-11-27（06）.
② 构建更加紧密的中非命运共同体 [N]. 国际商报，2021-11-30（06）.

座、港口近百个、输变电线路6.6万千米、电力装机容量1.2亿千瓦、通讯骨干网15万千米，网络服务覆盖近7亿用户终端。中国企业承建和运营的肯尼亚蒙内铁路是该国百年来第一条现代化铁路，全部采用中国标准、中国技术、中国装备，被誉为新时期中非"友谊之路""合作之路""共赢之路"，累计运送旅客541.5万人次、发送集装箱130.8万个标准箱，对肯经济增长贡献率达到1.5%，累计直接和间接创造就业4.6万个。①中国引导企业采用BOT（建设—经营—转让方式）、BOO（建设—拥有—经营方式）、PPP（政府与社会资本合作）等多种模式，推动中非基础设施合作向投资建设运营一体化模式转型，促进基础设施项目可持续发展。基础设施援助方面，从中国制造和中国标准中能够积极传播中华优秀传统文化。

3.数字经济发展援助

中国积极帮助非洲国家消除"数字鸿沟"，中非"数字经济"合作发展迅速，从数字基础设施建设到社会数字化转型，物联网、移动金融等新技术应用，全领域合作成果丰硕。中国企业参与了多条连接非洲和欧、亚、美洲大陆海缆工程；与非洲主流运营商合作基本实现非洲电信服务全覆盖；建设了非洲一半以上无线站点及高速移动宽带网络，累计铺设超过20万千米的光纤，帮助600万个家庭实现宽带上网，服务超过9亿非洲人民。截至2021年11月，超过15个非洲国家的17个城市、1500多家企业选择中国企业作为数字化转型伙伴，29个国家选择中国企业提供的智慧政务服务方案；中非共同在南非建立了服务整个非洲区域的公有"云"，以及非洲首个5G独立组网商用网络。中非电子商务合作层次和内涵不断丰富，"丝路电商"云上大讲堂有效提升伙伴国中小微企业数字素养，"双品网购节"丝路电商专场、"非洲产品电商推广季"等活动助力非洲优质产品进入中国市场，中国企业积极参与非洲电子支付、智慧物流等公共服务平台建设，在互联互通中实现合作共赢。2021年8月，中非互联网发展与合作论坛成功举办，中国宣布愿同非洲共同制定和实施"中非数字创新伙伴计划"。②数字经济发展援助中离不开文化技术的传播。

①　中华人民共和国国务院新闻办公室.新时代的中非合作[N].人民日报,2021-11-27(06).
②　中华人民共和国国务院新闻办公室.新时代的中非合作[N].人民日报,2021-11-27(06).

4. 教育与文化援助

中国对非洲的教育事业给予了极大的支持，针对非洲各国的经济和社会发展需求，为非洲急需的人才提供了大量的资助，并设立了一系列的奖学金项目，为非洲的杰出年轻人提供了大量的留学服务。从2012年开始，中国在广州全面启动"中非高校20+20合作计划"，为中非高校的发展提供了一个新的契机。中国在联合国教科文组织设立信托基金项目，已经在非洲培训了一万名教师。从2018年开始，中国与非洲高校合作，在埃及、南非、吉布提和肯尼亚建立了"鲁班工坊"，将中国优秀的职业教育资源分享给非洲，为非洲提供符合经济和社会发展需要的高质量的技术和技能人才。中国支持30多所非洲高校建立中文系或中文专业，为16个非洲国家的国民教育提供了便利，已与非洲合作设立孔子学院61所，孔子课堂48所。自2004年起，中国已向48个非洲国家派遣了5 500多名中文老师和志愿者。①

文化外援也是我国对非洲文化工作的重要组成部分。近年来，我国不断加大对非洲文化领域的培训力度。仅2013年和2014年，我国便专门为非洲国家举办了一系列文化研修班、培训班，涉及领域非常广泛，其中包括在河南嵩山少林寺和天津霍元甲武术学校各举办两期非洲学员武术培训班，在天津职业技术师范大学举办非盟青年中国文化研修班，在浙江杭州分别举办非洲学员刺绣培训班和竹编培训班，在天津动漫产业园举办非洲国家动漫及电视制作研修班。此外还包括非洲英语国家图书馆管理人员研修班、非洲英语国家文物修复研修班等。中华武术享誉世界，更是备受非洲人民喜爱，近年来，我国通过"走出去"和"引进来"相结合的方式，加大了对非洲武术学员的培训力度，"走出去"方面，2012年12月派遣广东佛山精武体育会武术教练赴毛里求斯对当地学员进行武术培训，2013年2月再次派遣该会教练赴津巴布韦举办武术培训班。"引进来"方面，2013年9至12月，河南嵩山少林寺为来自南非、坦桑尼亚、埃塞俄比亚、乌干达和毛里求斯的20名武术学员举行了为期三个月的培训。非洲武术学员来华不仅接受武术培训，还学习汉语和中国文化，同中国师

---

① 王辉, 郑崧. 人类命运共同体视域下非洲中文传播的实践进路 [J].西亚非洲, 2022(05): 86-108, 158-159.

父们同吃同住甚至同修行，结下了深厚情谊。①

5.3.2 中国对非洲重点国家的文化传播分析

1. 中国对肯尼亚的文化传播

中肯两国于1963年12月14日建交，多年来，双方签订《经济技术合作协定》《贸易协定》《投资保护协定》等协议，并在此基础上建立了双边经贸混合机制。自从习近平主席与肯雅塔总统在2013年签署了中肯全面合作协议后，中国就已经是肯尼亚最大的贸易伙伴，最大的工程承包商来源国，最大的贷款来源国，最大的外国旅游者来源国。2018年9月，习近平主席与来华出席中非合作论坛北京峰会的肯雅塔总统举行会谈，就推动中肯关系发展达成重要共识。2019年4月，肯雅塔总统来华出席第二届"一带一路"国际合作高峰论坛，习近平主席在人民大会堂会见肯雅塔总统。肯尼亚愿意同中国深化基础设施建设等合作，使"一带一路"向非洲中西部延伸。中国已连续多年为其第一大贸易伙伴，截至2019年年末，中国对肯尼亚直接投资存量16.24亿美元，多集中在建筑、房地产等领域。2019年中国企业在肯尼亚新签工程承包合同额13.8亿美元，完成营业额41.7亿美元。②

肯尼亚是东非地区大国，是撒哈拉以南非洲经济基础较好的国家之一，首都内罗毕为联合国环境署和人居署总部所在地。肯尼亚是中国在非洲的重要合作伙伴，也是中非产能合作先行先试示范国家之一，蒙内铁路（蒙巴萨—内罗毕）的正式建成通车，是具有里程碑意义的重大工程。中国三大最主要的媒体新华社、中央电视台、中国国际广播电台均把它们的非洲总部设在了内罗毕，使肯尼亚在中非文化交流与合作方面占据着得天独厚的优势。

2. 中国对南非的文化传播

南非是非洲地区大国，是非洲经济最发达的国家，具有重要战略地位和

---

① 吴传华. 中国对非洲文化传播: 现状与挑战 [M]//张宏明, 贺文萍. 非洲黄皮书: 非洲发展报告No. 17（2014~2015）. 北京: 社会科学文献出版社, 2015: 29-44.

② 中国对外投资合作国别指引: 肯尼亚·基建 [EB/OL]. [2020-11-18]. https://www.sohu.com/a/432682258_516458.

政治影响力。南非在我国对非洲外交乃至对发展中国家外交中占有重要地位，与我国同属金砖国家。近年来两国之间多层次、多渠道的文化交流与合作不断扩大，2014—2015年中国与南非互办文化年，这在中非文化交流史上属于首次。

中国也通过多样化的文化活动在南非传播中华优秀传统文化。如南非文化年暨南非文化季活动于2014年4月在中国启动，共有十多个南非文化项目、近200名南非艺术家来华，通过文艺演出、文化推介、艺术交流、学术研讨、展览、电影周等多种形式，向中国观众展示了丰富多彩、独具特色的南非文化艺术，2015年南非迎来"中国文化年"。

南非也是中国公司到非洲投资的主要目的地。1998年1月1日，中国与南非建交。在此之后，两国签署了包括《关于相互鼓励和保护投资协定》《贸易经济和技术合作协定》在内的多项经贸合作协定，并在此基础上进一步加强了两国之间的合作。中国与南非签订了《关于对所得避免双重征税和防止偷漏税的协定》，这是一份中国与南非共同缔结的、具有重要意义的协议。2015年，中南两国经济贸易合作取得重大突破，习近平主席对南非的访问为两国的合作描绘了新的蓝图，中南两国在政治互信和发展战略上的契合程度都达到了历史最高水平，两国的合作前景非常光明。南非是中国在非洲最大的贸易伙伴国，中国也是南非最大的进出口国家，两个国家之间存在着密切的联系。

3. 中国对苏丹的文化传播

作为非洲大陆和印度洋地区的金融中心，苏丹是外国投资者进入非洲大陆的门户，在推动"一带一路"项目合作中发挥着重要作用。中苏两国建交后签有《中华人民共和国政府和苏丹共和国政府关于鼓励和相互保护投资协定》《中华人民共和国政府和苏丹共和国政府关于对所得避免双重征税和防止偷漏税的协定》。2012年10月，中苏两国签署了中国给予苏丹95%税目输华产品零关税待遇的换文，2014年10月双方再次签署换文，将享受这一待遇的产品范围扩大至97%，进一步加强了两国的贸易联系。①中苏两国经贸合作不断深入，

---

① 对外投资合作国别（地区）指南：苏丹（2018年版）［EB/OL］．中国一带一路网，https://www.yidaiyilu.
gov.cn/wcm.files/upload/CMSydylgw/201902/201902010348030.pdf

两国贸易额不断增长，中国已连续多年成为苏丹第一大贸易伙伴，苏丹也已成为中国在非洲重要的贸易伙伴。中国将继续保持苏丹第一大贸易伙伴国地位。

此外，埃塞俄比亚作为非洲大陆重要国家和中非产能合作先行先试示范国家之一，中国在埃塞俄比亚的软实力建设也取得了一定的成效。坦桑尼亚作为东非地区另一大国，坦赞铁路是中坦、中非友谊的象征，达累斯萨拉姆中国文化中心于2015年建成，已开设两所孔子学院和一个孔子课堂，以斯瓦希里语版《媳妇的美好时代》为代表的中国影视剧走进当地的千家万户。而尼日利亚为非洲人口最多的国家和世界重要产油国之一，首都阿布贾中国文化中心于2013年建成，已开设两所孔子学院。此外，中国在刚果（布）和喀麦隆等非洲法语区国家也通过开设孔子学院和多样化的交流进行文化传播。

总之，随着"一带一路"倡议的开展，我国对非洲国家的文化传播和文化交流也越来越多样化。伴随着文化交流的开展，我国官方媒体在非洲也迅速推进。自1986年，新华社非洲总分社便在肯尼亚首都内罗毕成立，多年来新华社还通过举办"孔子文化非洲行"等活动，加大对非文化的传播力度。2012年1月，中央电视台非洲分台在内罗毕正式开播，这是央视在海外建成的首个分台；中国国际广播电台使用汉语、英语、法语、阿拉伯语、豪萨语、斯瓦希里语等对非洲进行广播，近年来通过与非洲国家传媒机构的合作，在加快节目本土化步伐、提升落地率方面取得了长足进步。此外，中国国际广播电台还在非洲努力打造广播孔子课堂，帮助非洲朋友通过广播学习汉语和中国文化，利用自身优势拓宽了对非文化传播渠道。目前该国际台在埃及、肯尼亚、尼日利亚和津巴布韦设有四个记者站，分管北非、东非、西非和南非。以北京四达时代通讯网络技术有限公司为代表的中国民营通信技术企业也在致力于传播中国文化，通过引入中央电视台和凤凰卫视等中国主流电视频道的节目，以及在坦桑尼亚自办功夫频道和中文频道，向非洲广大观众提供各类中国电视节目，使他们可以全面了解中国，感受中国文化，从而搭建起中非文化交流的桥梁，为扩大我国对非文化传播做出了积极贡献。

中国对非洲文化传播的力度越来越强。近年来为配合与有关非洲国家的建交纪念活动，我国多次派遣艺术团到这些国家进行访演。经过这几年的发展，"欢乐春节"在非洲的内容越来越丰富、形式越来越多样、规模越来越大、层次越来越高、宣传越来越足、影响越来越广,"欢乐春节"已成为我国对非文化传播的最大品牌,成为中国文化软实力的重要象征。同时,我国加大少数民族文化对非文化传播力度,中国对非洲文化传播机制越来越成熟。在中非合作论坛五次部长级会议通过的政策文件中,关于中非文化交流合作的内容越来越丰富,规划也越来越具体。

第6章 软实力视域下发达国家文化国际传播对标分析

6.1 美国文化的国际传播对标分析

6.1.1 美国市场化、产业化主导下的文化国际传播

1.美国文化产业发展举措

发达国家的文化产业已经达到了相当高的水平，展现出了其在文化传承和发展方面的强大实力。在世界范围内，文化产业也正处于高速发展期。在美国国内的产业结构中，文化创意产业排名第二，而军事工业则居于首位。此外，美国的文化创意产品已经超越了传统的汽车、农业等行业，成为美国对外出口数量最为巨大的产业之一。[①]文化创意产业已经成为推动经济发展和社会进步的主要引擎，为社会的繁荣和进步注入了源源不断的活力。文化产业以其高度先进的技术含量、卓越的附加值和持续的增长潜力，在与其他产业的比较中，呈现出独特的竞争优势。文化软实力就是一种无形的精神力量，它能使人产生积极的情感体验，增强民族凝聚力，进而提升国家的国际竞争力。美国政府所倡导的文化产业发展理念，以无为而治的方式进行，旨在推动文化产业的蓬勃发展。尽管美国政府实行了"无为"政策，但这并未意味着对文化产业完全放手，而是仍然会通过制定产业和财政政策来引导其进一步发展。

[①] 美国没有"文化创意产业"？一文看懂美国文创200年［EB/OL］．［2017-07-20］．https://www.sohu.com/a/158569353_99921598.

（1）资金方面

美国政府对文化产业的资金支持，呈现出了广泛而多样化的特征。为了推动文化产业的发展，政府不仅提供了大量财政资金，还为其提供了一定程度的税收优惠和金融支持。同时，联邦政府也通过立法对文化产业进行有效监管。在推进文化产业蓬勃发展的进程中，最大限度地利用财政资金的杠杆效应，运用资金匹配的方式，制定优惠政策，鼓励各州、各企业以及全社会为文化产业提供资金支持，以提高财政资金的利用效率。同时，政府也注重对文化产业进行有效的监督和引导。为了促进文化产业的蓬勃发展和繁荣，政府实施了多项政策措施，其中包括制定相关法规以规范文化产业的经营管理行为，完善公共教育服务体系，以及加大科技投资力度等。同时，政府也利用财政手段来进行引导。除了直接的财政拨款和间接的税收减免，美国政府还通过成立基金的方式向文化产业提供了资助，以促进其发展。政府通过设立专项资金的形式来对文化产业进行投资，并给予一定的补贴。为了推动文化艺术领域的蓬勃发展，美国联邦政府成立了国家艺术基金会和国家人文基金会这两个联邦文化艺术机构，以拨款的方式提供支持。政府在这些组织中扮演着重要角色，主要负责资金筹措和项目实施。为了促进文化产业的发展，政府设立了专项经费，以吸引社会资本积极参与其中。同时，政府对文化产业也进行着严格的监管与规范。为了确保文化产业的快速稳定发展，政府实施了立法措施，并成立了专门的管理机构，以确保其正常运转和充分发挥其应有的职能。同时，还在法律上规定了政府对文化产业的监督检查机制。文化产业的转型升级得到了强有力的支持，这要归功于美国金融制度的创新变革，特别是投资组合理论为文化产业的融资拓展了渠道，从而最大限度地降低了投资人的风险，同时也为文化产业的发展注入了大量的资金。同时，文化产业也利用资本市场这一桥梁与外界进行联系，获得了更多的融资机会。在股票市场的完善中，文化企业成功地获得了股权融资平台，这为它们拓展业务提供了一条卓越的资金筹集途径。在完善的债券市场中，文化产业也通过发行债券筹集到巨额资本。在此基础上，文化产业借助资本市场实现了产业化、国际化、资本化的运营模式，从而进一步推动了文化产业的发展。在国际范围内，文化产业的融资渠道主要有金融资本、社会资本和产业资本三种。金融资本和社会资本以股权的形式参与，为美国的文化产业和市场化进程注入了源源不断的活力。

（2）财政税收政策方面

为了促进私人产权主体在文化领域的蓬勃发展，美国政府采取了一系列措施，包括放宽市场准入限制、实施税收优惠政策以及建立一套完备的法律法规体系。同时政府还通过制定相应的政策来加强对私人产权主体参与文化产业的管理。通过实施这些政策措施，可以激发私人产权主体积极参与文化产业活动，从而推动文化产业的繁荣与发展。这将有助于提升文化产业整体竞争力，增强文化产业国际影响力。美国在文化产业方面实行了广泛的税收减免政策，其中包括多种税种，例如在图书出版行业中，对进口图书实行免征进口关税的政策，而对出口图书则实行免征增值税和营业税的政策。

（3）法律体系方面

作为全球首个进行文化立法的国家之一，早在1790年就颁布并实施了首部《版权法》，美国的知识产权保护法律体系经过多年的演进逐渐完善。该法详细规定了主要知识产权制度，包括但不限于著作权、专利权、商标权等，同时也涵盖了电影版权等相关问题。1980年，美国率先推行了《计算机软件保护法》，成为最早将计算机软件的保护纳入知识产权保护制度的国家之一，这一措施为计算机软件的保护提供了法律上的保障。当前，美国已经建立了一套全面的文化知识保护法律框架，其中涵盖了《专利法》《版权法》《商标法》等法规，以确保知识产权得到充分的维护和保护。这些法规在推动美国文化产业的崛起方面扮演着至关重要的角色，例如迪士尼公司所塑造的"米老鼠"形象，有巨大的经济价值和社会影响力。为了保护米老鼠的版权，美国多次对版权法进行了修改，其中包括将公司的版权保护期从75年延长至95年，以及将个人著作权保护期从著作人去世后50年延长至70年，以确保文化公司和个人文化创作者的权益得到充分的维护。

（4）科技创新方面

美国文化产业的发展，得益于高科技在卫星、网络、数字化和多媒体等领域的广泛应用。高科技不仅为文化产业创造新的发展空间，而且成为其经济增长的重要动力。电影是一种综合科技发展水平较高的产业，也是高科技与传统行业结合得最为密切的一个领域。从电影到电视，再到音像出版物，高新技术所带来的种种优势，无不彰显着其无限的潜力。高科技不仅推动着传统文化产业向现代化方向发展，而且使其发生革命性变化，并对文化产业产生深远的影响。在美国，众多戏剧歌舞运用最尖端的声、光、电制作技术，电脑动画技术更是让人目不暇接，令人耳目一新。在美国的电影电视行业中，电脑特效已经超越了那些备受瞩目的明星，成了最受欢迎的卖点之一，为电影公司带来了巨大的票房收益。随着网络广告、网络电台和数字化电影时代的兴起，文化产业的演进步伐得到了加速，这不仅带来了技术上的革新，更重要的是对思想观念进行了全方位的创新，推动了文化产业的全面发展。

2.好莱坞电影工业运作模式

好莱坞模式是一种综合性的运营模式，它将电影投资、生产、发行、放映和后续产品开发等多个环节和领域高度融合，为好莱坞电影产业的发展提供了强有力的支持。在这个过程中，电影公司通过对资金、人才、技术和市场的充分整合，实现了资源要素的有效配置和优化利用。在此运营模式下，电影公司不仅需负责影片的制作和销售，还需承担电影产品的推广和营销任务。在21世纪初，好莱坞电影企业借助资本的快速积累和集中，借助先进的资本市场和高科技产业的深度融合，实现了市场竞争力的显著提升，创造了惊人的业绩和成果，引起了全球范围内的广泛瞩目。在这一过程中，电影公司不断地整合自身所掌握的各种资源，形成合力并最终取得巨大成就。好莱坞之所以能够获得成功，不仅在于其强大的经济实力和雄厚的技术基础，更在于其拥有一套行之有效的商业运营体系和成熟完善的市场策略，这些因素共同构成了好莱坞成功的基石。以其工业化、程序化的生产模式和产业营销运作模式为支撑，好莱坞承载着美国的生活方式和价值观念，致力于实现盈利和文化推广。

（1）成熟的产业运营机制

随着美国经济的蓬勃发展，好莱坞电影工业在历经两次世界大战和冷战时期的政治考验、电视竞争的文化考验以及流行文化过剩的环境考验之后，逐渐形成了一套涵盖市场化投资、工业化生产、商品化发行模式和消费化放映等多个方面的完整运营模式。电影作为一种特殊的媒介产品，具有独特的传播价值，是实现国际文化交流的重要途径。随着全球化进程的加速，电影已成为一种重要的跨文化传播媒介，为世界各民族之间的交流互动提供了主要的渠道。

在全球化的浪潮中，好莱坞借助国家机器和商业机制的支持，成功地克服了电影输出在不同国家所面临的政治、经济和文化方面的多重障碍，从而形成了一套具有开拓国际电影市场的政治、文化和经营经验，并建立了一个全球市场营销网络，从而实现了电影输出的全球化。

（2）好莱坞产品高度商品化

好莱坞所生产的商品已经实现了高度的商品化，彰显了其在商业领域中的卓越地位。随着好莱坞电影的广泛传播，明星们的时装、汽车、手表等衍生产品也将在全球范围内销售，而电影改编所带来的游戏版权、玩具版权、图书版权、唱片版权等则成了获取高额利润的重要途径。好莱坞凭借其内置的广告和形象产品作为媒介，好莱坞成功地将文化转化为商品，从而形成了一种典型的商业模式，为商业活动注入了新的活力。在好莱坞的商业战略中，明星制度以及电影衍生品策略都扮演着不可或缺的角色，它们是塑造企业形象、提升品牌形象、塑造品牌形象的重要元素。

（3）形成了一种大众文化的传统

好莱坞电影以娱乐工业的形式不断蓬勃发展，不断扩大影响力。这种模式不仅体现在对故事情节的渲染上，更体现在对人物形象的塑造上。好莱坞电影以其独特的梦幻机制、情节结构、奇观风格、煽情修辞和通俗性叙事的传统，为观众带来了善恶有报、皆大欢喜的抚慰体验，同时以"灰姑娘""灰小伙"的故事来为人们提供集体梦幻的场景。在这样的幻境中，观众沉浸于心灵的愉悦之中，从而引发强烈的共鸣，最终达到情感的升华。以艺术电影的形式呈现流行电影，好莱坞电影在坚守基本大众电影模式的前提下，通过推广流行电影来促进其流行，既保持了其主流性，又保持了一定的创新性，以满足观众的心理需求并保持消费性。

6.1.2 美国大众传媒带来的文化国际传播

尽管美国缺乏专门的宣传机构，且大众传媒机构大多由私人创办，其所有权和经营权并不归属于任何政党，呈现出较强的独立性，遵循市场规律运作，但实际上，美国大众传媒所受到的政府影响是显而易见的。在美国，最大的新闻机构是美国广播公司（ABC）、哥伦比亚广播公司（CBS）和美国全国广播公司（NBC），通常被称为"三大电视网"。在媒体产业中，政府对传媒业的监管是十分重要的。通过运用成熟的市场机制，美国政府借助多家公司和机构，制作了大量的"好莱坞"电影和美剧，发行了大量报纸，并运营广播电台、网络媒体和手机App，将其所持有的价值观输出至全球，以此推广其价值观。与此同时，政府也通过各种政策对传媒进行干预，包括制定法律来规范传媒机构的行为等。这些传媒机构与政府之间形成了一种相互促进、相得益彰的合作关系。在过去近百年间，好莱坞的电影产业一直扮演着全球电影产业的主导角色，成了向全球观众传递美国文化、习俗、风景和生活方式的主要媒介。随着全球化的不断推进，越来越多的国家开始注重本国文化建设，纷纷成立自己的传媒机构，以提升本民族的影响力。在这样的背景下，一些西方媒体便借助电视这一大众传播工具，将他们的价值观念传达给广大受众。这些传媒所呈现的内容制作精良，形式多样，包装精美，价值观深入人心，不仅在美国国内获得了显著的成效，而且在全球范围内都致力于确立美国的"文化霸权"。美国的生活方式和价值观理念在全球范围内广泛传播，而大众传媒则成了其宣传机器，为实现政治、经济和文化的多方共赢提供了强有力的支持。

1. "美国梦"的传播

随着美国历史的不断演进和变迁，源自北美殖民地时期的"美国梦"一词所蕴含的内涵也在不断地丰富和演变。从最初的宗教情怀、民族情感到后来的政治理想、经济发展以及社会生活等方面都有所渗透，并最终成为一种具有鲜明时代特征的意识形态。在不同的历史时期，它所蕴含的内涵和所体现的时代特征各异。作为一种社会思潮，它经历了一个由宗教理想向政治诉求转变的过程。随着时间的推移，从最初的信仰理念到后来的政治理念，再到现在的精神追求，这个过程不断演进和深化，最终形成了一套独具特色的内涵框架。这一概念具有鲜明的时代性，反映出该时期的时代特征和人们思想观念上的变化。该现象不仅在特定的时间和地域范围内显现，而且呈现出多种不同的表征方式。在其背后所蕴含的思想内容是极其丰富的，具有深刻的意义和深远的影响。起初，"美国梦"曾被视为"个人之梦"和"移民之梦"，但随着国家政治理念的不断强化，它逐渐演变为"美国之梦"和"民族之梦"，成为美国政治、经济和社会文化中不可或缺的推动力,对美国的发展和强大具有了独特的促进作用。"美国梦"所包含的核心元素,是由希望、信心、机遇、平等、成功、美好、繁荣、努力、决心和主观能动性等多个关键要素的协同作用所塑造而成的。然而,随着美国政治极化、社会矛盾、通货膨胀、阶层固化等一系列长期存在的问题的不断加剧,"美国梦"在内部已经演变成一个中产阶级式的个人发展愿景,其显著特征是社会阶层的上升、经济的繁荣和生活的幸福,而在外部则成为美国输出美国式的经济、政治、文化和意识形态的强有力工具。

在美国的价值观和美国梦中,个体主义和英雄主义被视为不可或缺的核心元素,它们在塑造个人价值观和塑造国家形象方面扮演着至关重要的角色,是塑造国家形象的不可或缺的元素。个体主义作为一种价值观和行为准则,具有强烈的时代特征,但同时也存在着其固有的限制。英雄主义是以英雄为代表的人所奉行的人生哲学。一种以自我为中心的人生观,强调个体在追求自我实现和个性自由的过程中,必须以自我为中心,不断探索和发掘自我潜能。在美国这个移民国家,随着一代又一代人的不懈奋斗,个人主义的价值观逐渐形成,他们坚信只有通过个人的不断奋斗,才能获得真正的幸福生活。以美国电视剧《越狱》为例,我们不难发现,个人主义在美国社会中呈现出一种显著的特质,这种特质可以被视为一种自我中心的表现形式。在这部电视剧里,我们可以看到,个人主义不仅体现在剧中人物身上,也反映在整个社会之中,它贯穿着该剧始终,并且渗透进了整部作品的灵魂。个人主义主张人类是以自我为中心的利己主义者,强调以个体为核心,鼓励通过个体的自我实现来追求个人内在的价值和意义。

2.宗教自由的传播

在美国的文化中,个人的不懈奋斗和积极进取被视为成为上帝选民的关键因素,因为只有通过持之以恒的努力,方能实现这一崇高目标。他们把追求自身发展和完善的过程看作是一个不断超越自我、创造新生命、实现自我的过程。这种价值观强调每个人的独特价值,认为每个人都怀揣着自己的梦想和理想,将其视为人生中最为重要的奋斗目标。这种价值观念还鼓励人们积极投身社会事务之中,并不断地寻求新的生活方式。该价值观使其与全球各国人民建立了一种自然而然的联系,同时也赋予了其具有全球普遍性的含义。美国人深信美利坚和美利坚民族是由上帝所选的国度和民族，因此他们肩负着独特的使命和责任，致力于推进全球的进步。

美国一直致力于探索宗教议题，以实现其政治目标，这是其一贯的实践方式。美国政府、美国国务院、美国驻华使馆等机构也在各种场合公开要求中国政府尊重宗教自由，而大众媒体则是这一倡议的主要推手之一。当前，我国正处于一系列严峻的挑战之中，其中包括外国宗教组织的不断涌入、宣传品的广泛散发、非法传教、旧关系的拉拢、外国宗教力量的分化瓦解以及由他们掌控的势力的培育。

3. 隐性传播

美国的文化已经在全球范围内深入渗透到普通民众的日常生活中，这种文化全球化趋势可以被视为美国文化传播的全球化。英语，作为使用人数众多的语言，在全球范围内占据着举足轻重的地位。在英国，美式英语常常借助大众传媒来影响英式英语，而一些英式英语的使用则不可避免地受到美式英语在互联网上的渗透所带来的影响，比如，"I suppose"是一种常见的美式英语表达方式，但英国的一些在线读者已经开始采用它，以取代"I guess"，从而在语言表达方面产生了一定的转变。自改革开放以来，美国文化进入中国，通过文化传播和文化产品展示了其对中国的深远影响，彰显了其在国际舞台上的重要地位。中国年轻一代对可口可乐、麦当劳和肯德基等美食的钟爱，深刻地塑造了美国饮食文化在中国的传播和演进。

6.1.3 美国对华文化输出及我国的应对

文化输出战略始终是美国对外文化战略的重要组成部分。从文化属性的角度看，美国文化可划分为政治文化和大众文化两种类型。自20世纪80年代中国改革开放以来，美国大众文化进入中国，并通过大众传媒和大众文化产品显示出其对中国产生的巨大影响。

1. 美国大众文化在中国的扩张

作为文化产业的中坚之一，美国大众传媒成为实现美国文化扩张的一股强大动力和一把有力武器。好莱坞电影产业、音乐产业、无线电广播、电视以及互联网都推动了美国文化在中国的传播。借助大众媒体，美国化对中国人生活的方方面面都产生了一定的影响。可口可乐、麦当劳、肯德基、迪士尼、CNN和MTV流行音乐，都在中国持续扩张。事实上，在闲暇时中国人的所吃、所看、所做都正受到美国文化的影响。

首先，透过大众媒体，美国的饮食文化给中国带来了极大的影响。可口可乐、麦当劳和肯德基的广告不仅在电视、互联网、电影院等地方播放，而且还出现在报纸、海报和广告牌上。同时，中国年轻群体对这些食物的喜好使美国饮食文化在中国产生了极大的影响，且影响日益加深，范围愈大。现在，在中国任何一座大城市，都可见到麦当劳和肯德基餐厅。有些孩子会将比萨、薯条和炸鸡作为他们的日常食物。

其次，美国电影文化形成了一股强大的力量，在中国传播并影响着中国人的价值观念和生活方式。好莱坞电影在中国市场非常受欢迎，这些影片的主题、价值观和生活方式都深受年轻人的追捧。通过这种方式，美国成功地塑造了一种西方文化的形象，影响了中国观众的审美趋势。好莱坞电影所展示的美国服饰文化，对中国服饰文化也产生了很大的影响。年轻群体是众多能够迅速接受新文化的群体之一。个人主义是好莱坞电影诸多鲜明特点之一。牛仔裤和T恤在中国广受欢迎，而它们既是美国服饰的经典，也是潮流。近几年来，牛仔裤和T恤在中国几乎随处可见。借助电影，美国的服饰文化也渐渐影响着中国人的日常生活。

最后，美国的教育体系也在文化渗透中发挥了重要作用。许多中国学生选择去美国留学，他们接受了美国的教育，接触了美国的文化，并将这些知识和经验带回中国。这些留学生在中国社会中具有一定的影响力，他们对美国文化的理解和传播也起到了推动作用。美国的软实力也在文化渗透中发挥了作用。美国的价值观念、民主制度、言论自由等吸引了许多中国人的关注和认同。通过国际交流、学术研究、文化活动等方式，美国展示了自己的软实力，并与中国进行了深入的交流和互动。

2.中国的应对策略

（1）着力进行民族文化的传承与创新

在全球化和全球信息化的大背景下，本民族文化的内在实力是不可或缺的，因为它不仅能够汲取世界各民族文化的卓越成果，同时也能够有效地避免异质文化所带来的负面影响和侵蚀，从而彰显其独特的文化魅力。为了抵御美国对华文化输出的冲击，我们必须以中国源远流长的历史文化传统为基石，探索现代中国历史文化的创新之路，加强中国文化认同和文化主体意识的塑造。

源远流长的中华文明，蕴含着五千年的历史积淀，在全球文明史上形成了一套独具特色的文化体系。中国的文化辉煌灿烂，不仅使其跻身于世界文明国家之列，同时也为全球文化的演进和发展做出了卓越的贡献，彰显了其在全球文化舞台上的独特地位。在当代中国，我们不仅继承了几千年来流传下来的丰富思想文化资源，而且通过积极探索积累了大量的实践和理论经验，这些经验可以在中国文化传统中挖掘出大量具有普遍意义的价值理念，为我国核心价值体系的构建奠定了坚实的基础。因此，在当前全面深化改革、加快社会主义现代化进程的背景下，培育并践行社会主义核心价值体系是一项极为重要且紧迫的任务。在国家文化表述中，最为重要的核心价值观是由国家核心价值体系所构成的，这一体系不仅是国家推广自身的重要工具，同时也是提升其在全球范围内影响力的重要途径。当前，我们亟须深入阐述国家核心价值体系，以塑造卓越国家文化形象，这也是民族文化创新的紧迫使命。比如，长期以来，美国一直将自由、民主、人权、宪政、法治等视为其国家理念的核心，通过将其核心价值观输出到全球文化领域，以推广其文化产品，从而巩固其在全球文化领域的霸权地位。

（2）全力推进中华文化走向世界

当前，提升我国文化产业的竞争力已成为一项重要使命。应积极推进中华文化的全球化进程，以实现其在全球范围内的广泛传播和认可，从而推动其在国际舞台上的影响力和地位。提升我国的文化软实力和综合国力，是应对美国文化输出的根本之策。要使我国的文化软实力得到有效提高，就要求我们以更加积极的姿态参与全球化竞争，积极参与国际经济合作与文化交流。我们要向全球展示中国文化传统、价值观念、民族精神以及发展之路。在中华文化融入世界的过程中，我们在挑选文化内容时必须充分考虑当今世界多元文化的共存特征，以及塑造文化品牌的因素。考虑多元文化的共存，中国的文化传承不应仅仅局限于本国文化的独特性，而应拓宽视野，关注人类社会的共性。只有这样才有助于促进各民族间相互理解、尊重、宽容和合作。为了确保中国文化在全球范围内获得广泛的认可和关注，必须打造一个具备竞争力、能够获得国际社会高度赞誉的文化品牌。文化品牌是民族精神、文化底蕴与时代发展相融合而形成的一种无形资产。中国源远流长的传统文化是塑造文化品牌不可或缺的基石，为其奠定了深厚的历史底蕴和文化底蕴。为确保国学在国内外得到传承和传播，必须制定一项长期战略，建立政府和民间共同参与的机构部门，并组建一支国学造诣深厚、具备国际化视野和思维、国际交流能力较强、致力于国学传承和传播的人才队伍，以确保国学在全球范围内得到广泛传播。中国特色社会主义道路和中国现代化建设道路的伟大实践，是品牌建设不可或缺的基本资源，因此需要长期的战略规划、专业机构和人才队伍，以总结和提炼这一伟大实践中的经验，并创造出充满活力的文化品牌，向全球传播和阐释中国特色、讲述中国故事、传播中国声音。

6.2 法国文化的国际传播对标分析

6.2.1 法语联盟主导的法语文化国际传播

法语联盟，于1883年创建于法国，这是一家致力于推广语言和文化的机构，其总部坐落于法国首都巴黎，为法国文化的繁荣发展奠定了坚实的基础。这个由政府资助成立的全国性法语组织是一个以传播法语为目的，旨在提高法语地位，加强与其他语种间合作的机构。自成立以来，它一直致力于法语教学与研究工作，该组织致力于在全球范围内推广和发展法语，促进法语国家之间的交流和对话，并推动各国之间的文化交流，进而推动法语文化的繁荣发展。它还设立有专门的法语研究中心和培训中心，拥有一支高素质的专家团队，每年都要定期举行一系列的学术研讨会、演讲大赛和各种培训项目。通过辅导学生参加法语水平考试，或与所在地的高校、企业和政府合作，举办多姿多彩、广受欢迎的文化活动，法语联盟不断提升知名度。在全球范围内，同时建立分支机构或教育机构，以促进教育事业的发展。此外，为了满足不同地区对语言学习的多样化需求，提供了各式各样的培训课程。这些都极大地促进了法语学习者及相关行业人员对世界各国人文历史以及风土人情的理解和认识，从而推动了法语文化的发展进程。法语联盟已成为全球最具权威性的法语教育机构，其构建了一个遍布全球的法语教育和法国文化传播网络，为全球范围内的法语学习和文化传承奠定了坚实的基础。作为全球最大的法语组织之一，其一直致力于推进法语教育领域的改革和创新，以促进其发展和繁荣。法语联盟在全球范围内迅速崛起，这得益于其网络化的管理和运营模式：每个国家的法语联盟都以本土为基础，依据当地政策法规自主运营，从而实现了全球化的蓬勃发展。位于巴黎的法语联盟基金会是法语联盟国际网络的核心，该基金会全面负责该网络的管理，并与全球各地的法语联盟联合，共同致力于法语联盟全球网络的发展。

语言学习和文化渗透之间存在一种相互促进的关系，可以说法语联盟不仅仅是教授法语语言，更是在向人们灌输法国文化，从而推动法国文化的深入发展。法语联盟在语言教学中融入了文化元素，通过多元化的文化活动，以语言为媒介，以文化为中心，不断吸纳融合新的文化元素，从而在传播法国文化的同时，推动了不同文化之间的交流，运用"走出去、请进来"的策略，推进文化交流的多元化和高效化，从而促进跨文化交流的发展。法语联盟在深入大学校园的活动中，与中国大学展开了紧密的合作，其中包括在北京大学百年讲堂举办的爵士音乐会等一系列精彩纷呈的活动，为学生们提供了丰富多彩的学习体验。为了更好地满足大学生这一群体的需求，北京法语联盟在大学校园内设立了专门的联络员，其职责在于积极推广活动信息，以促进校园内信息的广泛传播。在法国驻华大使馆所举办的多项文化活动中，法语联盟积极参与，包括法国戏剧荟萃和欧盟电影展等多个领域，展现了其在文化领域的广泛影响力。法语联盟积极与多个国家的使领馆展开紧密合作，包括但不限于瑞士驻华大使馆、比利时驻华大使馆和加拿大驻华大使馆，旨在推广共同的法语文化，促进国际交流与合作。随着"走出去"行动的推进，法语联盟不断向中国各地的法国学者和艺术家发出邀请，以举办学术讲座和艺术工作坊的形式，彰显他们在国际舞台上的卓越地位；法国文学家的演说为中国民众提供了一个更为直接的平台，以推动法国文学的交流与传播；在法国艺术家与中国艺术家的互动与合作中，中国观众得以领略到一场独具匠心的艺术盛宴。中国法语联盟网络为全国范围内的各种文化活动提供了便利，比如法国戏剧荟萃活动中的剧目《唐璜》在全国范围内的巡回演出，得到了演出所在地法语联盟的赞助，从而为文化活动的推广和发展注入了强大的推动力。法语联盟以其高度灵活的组织形式和广泛的协作为基础，在中国不仅致力于语言教学，同时也在文化渗透方面取得了杰出的成就。通过举办多元化的文化活动，将法国文化传递给更广泛的受众，从而推动不同文化之间的相互交流和融合，以促进文化多样性的发展。语言是人类进行沟通的工具，而文化则是人们思想情感和价值观念的载体，二者相互影响、相互作用。

6.2.2 法国国家扶持下的艺术文化国际传播

1. 法国文化部的成立

1959年法国戴高乐总统设立了文化部，为确保杰出的艺术作品为更多人所了解，法国不遗余力地将其思想理念和文化成果传播至海外，这一具有悠久历史的举措建立了强大的海外文化传播网络。自20世纪初起，他们在欧洲建立了最早的法国学院，并逐渐发展成为一个由164个使（领）馆文化处（组）、142个文化中心以及1 040个法语联盟构成的遍布全球的文化传播网络。该文化传播网络构建了一套完备而严密的管理架构和运营模式，源源不断地输出法国的艺术成果和文化理念，推广法语并促进其文化产品的出口，同时积极与驻在国各界展开交流与对话，以推动法国文化事业的蓬勃发展。在全球范围内，法国的使（领）馆文化处（组）扮演着引领各地文化中心、法国学院以及法语联盟蓬勃发展和壮大的重要角色，其影响力不可小觑。由于地域差异，他们的活动计划呈现出多样化的特征。他们通过不同渠道宣传法语文化，使之得到更多国家和地区人民的喜爱和支持。他们依托文化中心和法国学院，促进当地的文化发展；依托法语联盟，传播法语和法国及法语区文化；积极发展合作伙伴，为法国文化走出去找到了更有利的契机。

2. 文化赞助事业的制定和完善

在法国，政府以三种不同的方式代表纳税人为文化艺术事业提供资金支持：一是提供经费；二是提供服务或产品；三是提供无偿服务。为了促进文化艺术事业的繁荣发展，政府积极倡导社会各界对其提供资助和支持，同时为企业和个人提供税收减免的优惠政策，以推动其蓬勃发展。在其欧洲邻国中，法国的文化赞助政策被视为一项极具优惠性的政策，因其广泛的认可和支持而备受推崇。除了向国立文化事业机构如博物馆、图书馆等拨款维持运营及采购艺术品、图书等，法国政府还鼓励文化机构积极开拓多元化渠道，自主筹措资金，充实馆藏，并通过优惠的税收政策和合理的激励机制鼓励企业和个人对文化事业进行赞助，以推动文化事业的蓬勃发展。1987年7月，法国国民议会通过了有关文化赞助的法案，随后在1990年，又通过了有关企业基金会的法案，这些法案为促进社会对文化的赞助提供了法律支持，从而极大地推动了这一事业的发展。从某种意义上说，这是一项成功的立法实践。然而，相较于其他西方国家，法国当时的赞助政策所规定的对赞助人的优惠幅度不高，且其程序烦琐，缺乏吸引力。因此，法国的文化赞助事业曾陷入一种停滞不前的状态，特别是在民间个人的赞助方面。在担任凡尔赛宫管理委员会主席期间，阿亚贡深刻认识到《文化赞助法》的问题的严重性，并通过不懈的努力，推动法国国民议会于2003年8月1日通过了一项名为《阿亚贡法》的修正案，以对《文化赞助法》进行修正。

6.3 韩国文化的国际传播对标分析

6.3.1 韩国韩流影视主导的文化国际传播

"韩流"一词所包含的领域跨越了韩国服饰文化、饮食文化等多个方面，而当前流行的"韩流"则是指韩国影视、音乐、综艺等娱乐产业在所带来的文化影响。最初在中国出现的"韩流"一词逐渐演变为韩国本土文化产业的输出，形成了一个完整的文化产业链，为韩国经济做出了巨大的贡献。

1. 韩剧对韩国文化国际传播的贡献

韩剧为韩国文化在国际传播中奠定了基础，为全球文化交流注入了新的活力，在中国市场掀起了一股新的韩流热潮，特别是近年来以《太阳的后裔》

和《请回答1988》为代表的韩剧更是引起了广泛的关注。1993年，首部韩国电视剧《嫉妒》被中央电视台引进，让国人领略受儒家文化影响的异国风情。随着时间的推移，一系列杰出的电视剧作品，如《大长今》和《来自星星的你》等，相继在荧屏上大放异彩，其中，《来自星星的你》更是获得了巨大的成功。2007年韩剧《大长今》首次在湖南卫视播出之后，其平均收视率曾一度飙升至15%。

随着对韩国文化和社会的深入探究，以及对韩流狂热的追捧，中国赴韩旅游的热情高涨。几乎每一部备受瞩目的韩剧都会在外景拍摄时选择一处如画般绝美的景点作为拍摄地。比如，《孤单又灿烂的神——鬼怪》，取景地为江原道江陵注文津海边；《太阳的后裔》，取景地为江原道太白市的希腊沉船湾等。这些韩剧的外景取景地成了韩国吸引游客的"诱饵"，吸引了大量中国游客，特别是年轻人前往韩国进行"打卡"活动。年轻男女开始模仿影视剧中男女主角的着装风格和习惯，以韩式潮流为灵感，穿着破洞牛仔裤、分层混搭、oversize版型大衣和高领针织毛衣等时尚服饰，彰显着他们的时尚品位；在国内的街道上，与电影中类似的饮食街和韩式烤肉店琳琅满目，仿佛置身于一片美食的海洋之中，令人目不暇接。随着影视传播的不断深入，韩国的文化逐渐渗透到人们的日常生活中，以潜移默化的方式对人们的生活方式产生着深远的影响。

2. 真人秀节目对韩国文化国际传播的贡献

真人秀节目在推动韩国文化走向国际舞台的进程中扮演了不可或缺的角色。近年来，韩国的真人秀这一电视娱乐节目在我国电视荧屏上掀起了一股热潮，成为备受瞩目的节目之一。中国的多家电视台引进韩国真人秀节目并对其进行本土化改造，使之成为中国的热门综艺节目。其中，以明星亲子互动为主，辅以明星与嘉宾之间的激烈竞争和比拼，亲子档成为备受瞩目、具有广泛影响力的热门节目，如《爸爸去哪儿》因其独特的传播形式和内容吸引了无数人关注。除此之外，《奔跑吧！兄弟》《我是歌手》等综艺节目相继开播并迅速走红，每一期都会在微博上掀起了激烈的讨论。在这些节目中，明星与观众之间的互动和交流方式别出心裁，引起了无数狂热粉丝的狂热追捧，成了一道亮丽的风景线。这些节目多以现实生活为素材，通过明星与嘉宾之间的互动交流，促进彼此之间的亲密关系，从而达到了良好的节目效果。近年来，国内各大卫视纷纷推出了多种类型的综艺节目，其中包括选秀节目《明日之子》《创造101》等，这些节目都是韩国综艺节目的复制品。

随着传媒业的蓬勃发展，综艺节目呈现出愈加多样化的形态，以满足不同受众对信息的渴求。在众多电视娱乐节目中，综艺类节目以其卓越的表现力和深受广大观众青睐的特点，成了最受欢迎的电视节目类型之一。在一定程度上，娱乐综艺节目具有反映社会文化价值观和审美取向的能力。在当前的市场上，包括一些融合了综艺节目娱乐性、知识性和文化性内容的娱乐综艺类节目，已经成了文化传播的重要媒介，而非单纯的媒体赚钱的工具。

（1）饮食文化的传播

在综艺节目中，饮食是韩国电视制作者的眼中一项不可或缺的元素。在许多综艺节目中就经常出现炒年糕、鱼饼鱼糕、韩式炸鸡、紫菜包饭、韩国拌饭、炸酱面、海鲜面、烤肉、海带汤以及大酱汤等多种食物。这些食物既可以是日常饮食的代表，又能成为一种文化符号，蕴含着深厚的文化底蕴和艺术气息。韩国泡菜，作为代表韩国文化符号的美食之一，在韩国综艺节目中扮演着不可或缺的角色，并于2013年被联合国教科文组织纳入人类非物质文化遗产名录，彰显着其独特的文化价值。在节目中，一般先呈现美食的烹饪过程，接着通过嘉宾品尝时的面部表情符号和语言符号，对食物的口感和风味进行了生动的描绘，以游戏的方式潜移默化地将韩国美食的魅力传递给了观众。

（2）服饰文化的传播

韩国现代时尚服饰以其独特的设计和风格，成为彰显韩国文化的重要象征。在综艺节目中，每一期男女偶像、明星嘉宾的着装都经过精挑细选，常常引发一股模仿的风潮。在真人秀节目《超人回来了》，每当重要的节日到来，备受瞩目的明星父亲和他们的子女们都会身着传统的韩国服饰。在《我们结婚了》中，在举办婚礼时，"新人"也会身着韩国传统婚礼服饰。在这两档节目当中，服饰作为一种视觉符号，承载着丰富而深刻的寓意。

（3）音乐舞蹈的传播

在真人秀节目中，音乐和舞蹈扮演着调和气氛的角色，不仅仅是一种娱乐形式，更是一种能够带给观众愉悦情感体验的艺术形式。在真人秀节目的游戏环节中，节目组帮助观众深刻理解歌曲背后所蕴含的内涵，以唤起他们内心深处的共鸣。在舞蹈领域，常常能在综艺节目中看到主持人或明星嘉宾的开场舞，或者欣赏他们搞笑的表演。在综艺节目中，音乐和舞蹈的呈现不仅与节目主题和内容相得益彰，更为节目注入了更多的娱乐性，同时也推动了音乐和舞蹈文化的传承。

6.3.2 以年轻受众为中心的"韩流"文化传播

1. 以年轻受众为中心的"韩流"文化代表

（1）韩国流行音乐的文化传播

韩国流行音乐以其独具匠心的音乐风格、充满活力的舞蹈和音乐传递积极的力量，被BBC誉为"21世纪披头士"的防弹少年团，成功吸引了大批国内外粉丝，将Kpop文化从东亚文化圈迅速传播至中东和欧美地区，掀起了一股全球Kpop的浪潮。自20世纪90年代起，随着韩国电视剧在中国的广泛传播，其卓越的电视制作和引人入胜的情节吸引了无数观众，从而掀起了一股韩国流行影视剧和流行音乐的热潮，被中国媒体誉为"韩流"现象。随着中国掀起"韩流"热潮，韩国媒体援引此说法并将其传播至周边国家和地区，如越南、蒙古国、日本等，从而使"韩流"文化逐渐成为东亚文化圈的主流文化之一，同时也促进了韩国传统文化，如服饰、美妆、饮食等的传承。

近年来，Kpop文化团体已成为扩大韩流文化影响力的重要渠道，韩国各大娱乐公司不断推出艺人团体进行演出活动，为韩流文化的广泛传播奠定了坚实的基础。在Kpop团体的发展历程中，防弹少年团于2013年初次亮相，该团队以年轻一代为主要成员，通过一系列多姿多彩的演出展现了他们的青春魅力。在防弹少年团的发展历程中，融合了美国Hip-Hop文化，形成了独具特色的音乐舞蹈风格，其歌曲所表达的对自我价值和人生意义的哲学性思考，吸引了众多海内外年轻粉丝的关注，逐渐将韩流文化推广至中东、欧美等文化圈。

（2）韩国青春偶像剧的文化传播

韩国青春偶像剧在本质上是一种大众文化商品，青春偶像剧之所以能赢得市场并获得良好口碑，与其自身独特的营销策略密切相关。商品的实际价值在于满足人们对某种特定需求的追求，从而实现对其内在价值和外在表现的最大化。电视剧作为一种大众文化产品，它能够通过自身的特点来体现这种价值诉求。因为韩国青春偶像剧的创作者以年轻受众为中心，精准地把握了他们的收视需求，从而使得该剧种得以广受欢迎。为了迎合这一受众群的口味，韩国青春偶像剧中对人物情感的刻画和时尚元素的添加皆是为了迎合他们的喜好，相较于那些冗长的家庭剧，韩国青春偶像剧短小精悍的剧集设计更能够迎合年轻人追求快速和创新的特质。为了最大限度地满足观众的需求，韩国青春偶像剧采用了一种创新的制作模式，即在创作过程中同时进行拍摄和播出。在这种模式下，编剧们可以根据剧中人物的性格特征来安排故事情节。在电视剧的制作过程中，制作方会不断与观众进行座谈或发布到网络上，收集各方观众的反馈和意见，以确保制作过程的高效性和准确性。在观看电视剧时，观众可以通过网络或者是电视等渠道了解电视剧的剧情内容。一旦电视剧播出，其播放量也将被纳入统计，并根据收视情况对剧本和演员进行相应的调整。在广大剧迷的强烈呼吁下，2014年备受欢迎的电视剧《来自星星的你》经历了从最初的20集延长到21集。这样的制作模式从根本上抓住了受众的观看心理，真正地把受众的需求作为电视剧拍摄的根据。

（3）韩国电影的文化传播

进入21世纪，韩国电影开始走向全球，通过产业化的途径不断扩大其影响力，从而在国际舞台上崭露头角。2020年，韩国电影作品《寄生虫》斩获奥斯卡最佳影片、最佳导演、最佳国际影片、最佳原创剧本四项殊荣，这是首次非英语电影获得最佳影片奖，同时也创造了韩国电影在海外获奖的新纪录。这部影片不仅收获了票房上的佳绩，更是引起了全球媒体和观众的广泛关注。当前，韩国电影已成为韩国不可或缺的文化象征，其在新加坡、西班牙、越南、菲律宾、德国等国的影响力亦不可小觑。长期以来，日本一直是韩国电影市场的最大进口国家，韩国电影产品和电影明星在日本备受追捧，成了全球电影界的热门话题。随着韩流文化在中国的蓬勃发展，韩国电影于2014年开始向中国市场输出，甚至超越了在日本的出口规模。除了亚洲以外，韩国电影在北美地区也广受欢迎，成为当地电影文化不可或缺的重要组成部分。

2.韩国对外传播的特点

（1）紧抓年轻受众的心理

随着经济的蓬勃发展和物质的日益丰富，人们越来越倾向于追求娱乐和精神上的消费，以期在精神层面获得愉悦和满足。在这样一个潮流中，许多年轻人把自己对青春、爱情、生活等方面的美好憧憬寄托在偶像身上，通过观看他们塑造的明星来宣泄内心的情感。在此背景下，"偶像热"方兴未艾，呈现出越来越强烈的趋势，其影响力也日益扩大。随着数字化时代的兴起，人们的生活方式、娱乐方式等已经经历了根本性的演变。在这个时代背景下，年轻一代对电视剧情有独钟，逐渐形成了一股不可忽视的潮流。随着21世纪的到来，全球化的浪潮愈发深刻地改变了人们的思想观念，使其获得了前所未有的解放。同时，由于时代发展的需要以及社会文化的进步，青年人逐渐成为当今社会中最具活力、最富朝气的群体之一。在现代社会中，年轻一代对自身的生存状况表现出了更为强烈的渴望和追求。在此情形下，人们开始重视自身形象与内心感受之间的相互关联，而这种观念的转变促使人们越来越注重个人内在的修养和审美品位。与此同时，人们也逐渐认识到了自身价值的重要性。随着文化素养的不断提升和思想的日益开放，人们对自我、情感、伦理等方面的认知和理解得到了深刻的重塑，同时也激发了他们对更高层次精神追求的渴望。因此，随着时代的变迁，青春偶像剧这一新兴的艺术形式应运而生，并获得了巨大的成功。在我国，青春偶像剧的发展时间不长，但发展势头十分强劲，尤其是近年来受到年轻人追捧的程度与日俱增。韩国青春偶像剧的创作得益于人们对个性自我的追求、对完美爱情的向往、对儒家伦理的推崇、对传统文化的崇敬以及对精神世界的追求等多方面的话题，这些元素为其提供了丰富的素材和源泉。

随着时间的推移，韩国青春偶像剧在其近二十载的演进历程中，无论是情节的构建、人物形象的刻画，还是场景的布置等方面，都在不断地进行着创新和革新。从最初模仿国外优秀的青春偶像剧到如今形成了独具特色的艺术风格，每一步的发展都紧密地与时代潮流相互交织。通过梳理发现，不同时期韩国青春偶像剧有着不同的创作倾向和美学追求。早期的作品如《蓝色生死恋》和《冬季恋歌》以其独特的情节安排、人物形象和台词等特点脱颖而出，而近年来的《主君的太阳》《继承者们》和《太阳的后裔》则在情节、人物、场景、音乐和后期制作等多个方面呈现出精致的风格，以满足年轻观众的需求。韩国青春偶像剧之所以能够在众多电视剧类型中脱颖而出，并在荧幕上保持生命力，最根本的原因在于其充分满足年轻观众的需求。

（2）善用融媒体促进文化国际性传播

随着互联网产业的蓬勃发展和广泛应用，用户对信息获取的需求日益多元化，因此，融媒体技术应运而生，以满足用户不断增长的需求。"融媒体"是指融合多种媒介形式，形成一种全新的传播形态，既包括传统媒体与新兴网络媒体的交融，也涵盖了传统媒体与新兴网络媒体之间的相互渗透。从本质上讲，"融"就是把传统媒体与新兴媒体进行有效对接和互动，将广播、电视、报纸等既有共性又有互补性的不同媒体，在人力、内容、宣传等方面进行全方位的融合，以实现资源的融通、内容的兼容、宣传的互融以及利益的共融。将传统媒体与新兴网络媒介有机融合，不仅保留了传统媒体对文化信息挖掘的深度和信息传播的专业化和严谨化，更融入了新兴媒介时效性、丰富性和创新性的特质，从而改变了传统的文化传播方式，赋予了文化传播以多样性和创造性，促进了文化的个性化发展，为不同地域、不同国家的文化提供了进入全球视野的机遇，同时也为传播和融合提供了难得的文化机遇。

流媒体平台如奈飞（Netflix）的蓬勃发展，引起了韩国电影业界的关注。在戛纳电影节上，奉俊昊主导的电影作品《玉子》于2017年首次亮相，同时在流媒体平台和线下影院同步上映，这是奈飞公司投资的杰作。2020年受新冠疫情的影响，传统院线电影市场受到巨大冲击，导致大量电影上映时间被推迟，因此，《狩猎的时间》《Call》《胜利号》等多部电影选择通过网络流媒体和数字在线平台上映，成为韩国电影"走出去"的一种选择。

（3）开展全球合作，扩大韩国电影国际市场

随着全球文化融合的不断深入，近十年来，越来越多的韩国电影开始采用联合制作等策略进入周边国家。韩国电影产业正呈现出多元化的趋势，其中涵盖了电影IP的输出和翻拍、在海外直接制作本土电影、韩国电影人才向海外拓展以及海外项目在韩国进行后期制作等多个方面，这些都是韩国电影产业发展的重要方面。

第一，采用合拍的方式呈现电影IP。由于东亚地区文化差异较小，韩国在早期便将联合制作的重心转向了亚洲地区，以促进该地区的文化交流和合作。中国电影市场的蓬勃发展催生了大量原创剧本制作的中韩合拍电影，其中包括《重返20岁》《赏金猎人》《大人物》等。这些影片不仅将韩国本土文化的精髓融入其中，同时通过国际化平台与其他国家建立了紧密的合作伙伴关系，展现了多元文化的交融与融合。近年来，韩国积极拓展海外市场，同时，跨国影视制作公司也在积极进军印度和土耳其的电影市场，以扩大其在国际舞台上的影响力和地位。通过采用"一源多用"的国际共同制作方式，韩国电影的全球制作网络得以拓展，从而成功地突破了韩国国内市场的限制，创作出能够吸引当地观众的作品。

　　第二，电影人才进军海外。随着韩国电影制作的国际化趋势不断加强，越来越多的电影人才开始直接涉足海外市场，这一趋势日益显著。在2013年，导演金知云、朴赞郁、奉昊俊等人前往好莱坞进行拍摄，他们的三部电影作品《背水一战》《斯托克》和《雪国列车》在国际电影制作领域掀起了一股热潮，成了国际电影界的焦点。为了满足全球市场的需求，电影《雪国列车》汇聚了来自美国、英国、韩国等多个国家的演员，他们在捷克等地进行了精心的拍摄和取景，为观众呈现了一场精彩绝伦的视觉盛宴。同时，该片采用了大量的特效技术来表现故事场景以及人物之间的关系，使其成为一部极具视觉冲击的电影。随着全球化的不断深入，亚洲市场与欧洲市场之间的文化差异逐渐被打破，引发了"雪国列车"效应，使其在当年欧洲市场上的市场份额显著攀升。

6.3.3 韩国传统文化的国际传播

　　以韩国政府为主导的文化发展模式，将韩国的文化发展置于至关重要的战略地位，并深入挖掘传统文化的深刻内涵，首先提出了"文化立国"的政策，大力保护为数不多的文化遗产，将传统文化与现代西方文明有机融合，借助高质量的文化传播体系，通过产业带动文化发展，从而扩大了韩国的文化影响力。因此，韩国文化的传播模式建立在传统文化与现代文化的完美交融之上，借助政府的引领和主导，高效运营文化产业，孕育出卓越的文化产品，以输出韩国文化及其所蕴含的价值观。

1.强调传统文化与现代文化之间的融合

在当今时代，如何将传统文化在现代条件下进行传承和发展，以实现其与现代文化的完美融合，是世界上各个拥有悠久历史的国家所共同面临的挑战。韩国以其将传统儒家思想等价值观念与西方文明相融合的理论实践方式，良好地实现了传统文化与现代物质文明的完美交融。

在积极吸纳异域文化的同时，韩国不断进行内省和调整，以更好地与自身的发展需求相协调，以适应不断变化的国际社会和文化环境。在韩国的历史长河中，外来文化源源不断地被吸纳和学习。早在春秋战国时期，韩国人就开始对汉文化进行深入研究，并逐渐将其融入自己的文化中，最终形成了一种独具特色的"韩文化"，并在漫长的历史长河中逐渐演变为韩国传统文化。近代以来，韩国并未墨守成规，而是在传承自身文化传统的同时，汲取了日本先进的科学管理技术，展现出了卓越的创新思维和卓越的管理才能。到了现代，韩国不断汲取欧美先进的社会制度和现代精神，旨在不断提升自身的现代化水平，以适应时代的变迁。尽管韩国历经了多个历史时期，吸纳了来自不同体系的外来文化，但其并未加剧文化之间的矛盾，西方文化、亚洲文化、传统文化以及现代文化均未对韩国文化的发展产生任何困扰。相反，它们深刻地雕琢了传统文化所蕴含的卓越品质，为其赋予了深刻的内涵和价值。由于他们将传统的儒家伦理观念赋予了现代的意义，因此这些传统观念不仅得到了韩国人在心理上的认同，同时也呈现出了现代公民意识的特质。另外，由于韩国人对自己国家的认同感，使得他们对自身民族精神的培养持有更为积极的态度。在韩国的国民文化中，忠孝的道德准则贯穿于家庭内部，在社交关系中则呈现出一种"长幼有序，上下等级分明"的现象。因此，在全球经济一体化的浪潮中，韩国的文化仍然秉持着儒家思想的传统，并在国际舞台上闪耀着其独特的光芒。

2.韩国政府"文化立国"政策

以文化为基石的国家战略是韩国政府不断推进国家发展进程的指导方针，韩国政府在当代社会中极为重视传承和弘扬传统文化所蕴含的精神内核，将其视为推动社会进步的核心动力。随着现代社会的不断演进，若政府未能有意识地维护和弘扬传统文化，弘扬民族文化的精髓，以扩大其对人类的影响力，那么传统文化的影响力将逐渐式微。为了确保传统文化得到充分的保护和传承，韩国采用了法律和政策的双重手段，以维护和振兴其独特的文化遗产。比如，为了确保历史文化遗产的完整性，韩国政府投入了大量的资金进行维护和定期修缮；为了确保传统工艺的传承和发展，政府拨出专项经费予以支持；政府部门也加强了与民间的交流合作，鼓励民间团体组织和开展各项社会活动；政府还举办了多项活动，其中包括"韩国文化旅游年"，旨在向外国人介绍韩国的传统文化以扩大韩国文化的国际影响力。

6.4 日本文化的国际传播对标分析

6.4.1 日本动漫主导的文化国际传播

1. 日本动漫文化传播现状

动漫是指动画、漫画的合称与集合，因此，动漫产业以动画、漫画为核心，同时涵盖了电子游戏等相关的衍生产物。近年来，伴随着全球范围内经济一体化趋势的不断增强和网络信息技术的飞速发展，动漫产业已经成为一种世界性潮流，同时成为推动文化产业繁荣发展的新引擎之一。随着1956年日本东映动画公司的正式创立，日本动漫产业进入了一个崭新的发展阶段，为其注入了蓬勃向上的生命力。在20世纪80年代至90年代期间，随着科技创新的蓬勃发展，日本的动漫和游戏产业实现了深度融合，并在国家的大力支持下迅速崛起为日本最为重要的产业之一，成为日本文化的核心组成部分。动漫以其独特的流行魅力以及广泛的受众群体受到越来越多人的喜爱和追捧。如今，动漫已经深入渗透到人们的日常生活中，成了影视、音乐等多个领域中不可或缺的重要元素。近年来，动漫作为一种新兴的文化产业正在以惊人的速度向世界蔓延。动漫作为日本流行文化的核心元素，不仅是文化外交活动的重要组成部分，更是日本文化输出和交流不可或缺的媒介和工具。在全球范围内，日本动漫作品的跨国传播对年轻一代的思想和行为产生了深远的影响，进而提升了日本文化的全球影响力。

在日本，一部名为《铁臂阿童木》的作品首次采用了电视连续动画的形式引入中国。《铁臂阿童木》是以阿童木为主角的动漫作品，通过其可爱活泼的形象和高尚品格，向全球传递了日本对和平的热爱和反对核武器的立场，同时也呈现出强烈的政治色彩。《铁臂阿童木》开创了中国引进外来动漫的先河，相较于当时国内略显粗糙的动画，日本动漫更受到国人的青睐，因此大量优秀的日本动漫作品涌入国内市场。在20世纪90年代，日本的动漫产业迎来了一个蓬勃发展的黄金时期，呈现出了无限的生机和潜能。与此同时，互联网行业进入高速发展时期，网络用户规模不断扩大，网络普及率不断提高，这为动漫产业带来了新的契机。弹幕视频网站等新型媒体平台以其高效的互动性，深受广大网民的青睐。同时，由于网络具有交互性强、传播速度快的特点，许多动漫作品都可以通过互联网来实现与受众之间的双向沟通和分享。此外，它们还将动漫内容视为一种独特的广告资源，通过开发和利用，将其转化为一种具有吸引力的品牌形象。在其对外输出的过程中，日本动漫文化首先以韩国、中国等为主要目标，接着向东南亚各国广泛传播，逐渐成为各国（地区）动漫市场不可或缺的重要组成部分。随着互联网应用的蓬勃发展，日本动漫已成为我国80后、90后乃至00后最为受欢迎的动漫形式之一，这为广大青少年提供了更为丰富的信息资源，使他们能够通过多元化的渠道获取日本动漫信息，同时对其思想和行为产生了深远的影响。在当前以新媒体为主导的互动时代，我国互联网领域涌现出众多备受瞩目的动画网站，其中以哔哩哔哩、AcFun等弹幕视频网站为代表，它们所具备的影响力不可小觑。这类视频平台不仅是传播日本动漫的重要媒介之一，同时也是动漫爱好者之间主要的互动平台，吸引了大量的动漫爱好者汇聚在一起，形成了一个庞大的社交网络。在哔哩哔哩，日本动漫作品已经成为备受追捧的热门产品之一，其累计播放量一直稳居网站前十的宝座，彰显着其卓越的市场地位。哔哩哔哩不仅开设了专栏广场等栏目以推广动漫资讯，还举办了动画角色人气大赏等活动，这些举措不仅提升了网站的影响力，同时也加速了日本动漫作品的传播速度，有效地解决了信息滞后等问题，同时满足了观众对最新动漫产品和信息的需求。

2. 日本动漫文化传播的内容

在日本动漫文化的传承与发展过程中，强调了对本土文化的传承和弘扬，以弘扬本土文化的精髓为核心目标，不断推进本土文化的繁荣发展。在这一过程中，各国之间的文化交流日益频繁，而动漫作为一种特殊形式的跨文化交流方式，受到了越来越多国家人民的喜爱。动画艺术，作为最具代表性的艺术形式之一，已经逐渐形成了一种独具特色的艺术风格。作为一种大众传播媒介，在其动画作品中，蕴含着丰富多彩的物质和精神文化元素，无论是自然景观、建筑风格还是行为习惯，均展现出浓郁的日本文化特色，同时也吸引了海外观众的目光。

（1）日本自然景观

在日本的动画作品中，自然景观是一项不可或缺的元素，是构成作品核心的重要组成部分之一。作为一种特殊的视觉语言和艺术表现形式，自然景物以其独特的魅力影响着人们对事物的理解以及情感表达。在动画的创作过程中，自然景观常常是吸引观众的主要因素之一，因为它们能够为观众带来身临其境的感受和体验。同时，自然景物还能为整部动画片提供丰富而又鲜活的视觉信息。在众多类型的动漫作品中，自然景观形象的卓越呈现，不仅彰显着浓郁的地域文化特色，而且与故事情节相得益彰，对提升动漫作品的吸引力具有至关重要的意义。

在动画电影《秒速五厘米》中，人物与周遭环境的相互作用被精妙地融合，呈现出一种令人惊叹的幻想氛围，在这部影片中，自然环境作为故事发生的背景和线索，为整部动画片增添了许多神秘而浪漫的色彩。在这个过程中，自然环境和人物形象相互交织，共同塑造了一个充满神奇和童趣的场景世界。通过对该动画片进行分析可以发现，自然环境作为故事背景的存在，为整部动画片增添了神秘的色彩，同时也赋予了这部动画片独特的艺术风格和美学价值。在动画作品中，自然景观呈现出丰富多彩的面貌，使其成为日本自然景观宣传不可或缺的重要媒介之一。在这样一部充满神奇氛围的动画电影中，人们也会对自然景色产生浓厚的兴趣，这并非仅仅因为它本身的艺术魅力，更因为其中蕴含着深刻的隐喻意义。其中最为典型的便是动画场景设计中的色彩搭配及画面布局等。为了营造更为优美的视觉效果，动画场景设置中运用了"樱花"这一形象进行了渲染，以营造出一种令人陶醉的视觉体验。同时在镜头处理上更是独具匠心，采用了不同角度的拍摄方式来突出环境的真实感。在人物塑造方面，其独特之处在于其面部表情、身体动作和服装风格，这些元素完美地展现了自然环境的真实面貌。在此主题下，动画电影中呈现了许多具有象征意义的场景设计，如樱花雨、樱花盛开等，为观众带来了无尽的视觉享受。在动画影片创作过程中，场景设计起到了至关重要的作用，它既可以让观众感受到故事情节的发展，又能使作品具有强烈的视觉冲击力。这些场景的构思不仅是为了营造故事的氛围，更是为了传达作者所追求的情感境界。

以《秒速五厘米》为例，作品名称所蕴含的寓意在于樱花以每秒五厘米的速度翩翩起舞，仿佛时间的流逝在这一刻被凝固成了一段优美的舞蹈。在此背景之下，动画画面以多种形式呈现，包括色彩、线条等，将樱花树栩栩如生地展现出来，营造出樱花盛开的美丽景象。另外，动画人物的动作以及表情也展现出樱花凋落时的动人场面。此外，采用"大爆炸"式结构的动画镜头，将主人公的命运展现于画面之中，以此展现樱花飘落所带来的悲伤情感。动画人物的设计采用"大团圆"式结局模式，通过对樱花的不同姿态以及其落地后花瓣间相互碰撞产生的奇妙效果表达了主人公对生命无常的感悟。在此动画作品中，创作者以细致入微、生动形象的方式呈现了樱花飘落的美丽，营造出一种宁静浪漫的氛围，但同时也蕴含着一种难以言喻的忧伤，使得整部作品呈现出一种独特的幸福与忧伤相互交织的气质，引起了日本和国外观众的强烈共鸣。

（2）日本物质文化

在日本的动漫作品中，将建筑和服饰等元素巧妙地融合在一起，呈现出浓郁的日本传统文化特色。在众多优秀的动画片中，我们不难发现，每一部作品都有着自己独有的风格和特点。在这些富有浓郁民族特色的动漫作品，无论是人物形象的刻画还是场景设置的呈现，都展现出了独具特色的民族风情和地域特色。动漫角色作为动漫作品的重要组成部分，是表达创作者创作意图和精神内涵的载体之一，也是传递作品情感与意境的关键要素。从动漫角色的塑造到服装的设计，无不蕴含着深厚的民族文化底蕴和独特的审美趣味。

在日本动漫形象中，和服是最为普遍而又最具代表性的一个类别，在服饰领域，和服和校服已成为代表日本传统文化和校园文化的杰出典范。近年来，随着经济全球化进程的不断加快，世界各国间的文化交流也日益密切，动漫艺术已经渗透到各个国家的各个领域之中。在动漫作品《深夜食堂》中，街边小吃被誉为日本传统美食的精髓所在，而在介绍美食的过程中，强调了美食在人际交往和互动中扮演着不可或缺的重要角色。地域是民族生存发展的空间，而民俗则是构成地域特征的主要因素之一，它不仅反映出一个国家或地区的社会风俗和风土人情，也折射出该区域特有的人文气息以及独特的审美情趣。在日本的建筑文化中，各式各样的神社、庙宇和传统民居成了重要的文化象征，彰显着日本人民对传统文化的珍视和传承，彰显着其源远流长的历史底蕴和深厚的文化底蕴。

（3）日本民族精神文化

在日本的文化传承中，传统礼仪其传统文化的一项重要内容。在《千与千寻》这部作品中，即使是那些居住着神灵鬼怪的地方，也融入了明显的日本文化元素，如浴池和和服等，这些元素为动画片赋予了独特的民族特色，此外，还有大量与宗教相关的场景、道具以及人物动作等，这些元素构成了一个个丰富多彩的场景。总之，这些因素共同营造出一个充满神秘气氛的奇幻世界。动漫《幽灵公主》塑造了一系列独具特色的角色和场景，生动展现了其深厚的民族精神内涵，其中所展现出的不仅有对人与自然关系的思考，更包含着对人与社会和谐发展的关注。其所呈现的不仅仅是对"神"的崇敬和强烈的宗教信仰，更是对自然生命体"鬼"的深刻探索，展现了人类对自然界的无限探索和探索。

在日本的怪诞动画作品中，例如《夏目友人账》，我们可以欣赏到独具特色的庆典仪式和神秘的鬼怪文化，这些元素是构成日本文化不可或缺的重要组成部分。同时，这些富有民族色彩的动漫作品还体现出了作者对传统文化的继承和发扬，以及对未来社会发展方向的思考。在这些独具特色的动漫作品中，无论是人物塑造、场景设计，还是故事情节的编排，都蕴含着浓郁的民族文化气息。在这些充满了浓郁民族色彩的作品背后，隐藏着作者对本国文化和历史的理解和思考。在日本的动漫创作中，民族文化已经成为一种不可或缺的重要元素，而创作者对民族文化的深刻理解则是决定动漫作品艺术水平的至关重要的因素。

6.4.2 日本民族传统的文化国际传播

在推行文化立国战略的进程中，日本成功地将其民族传统文化推广至国际舞台，这一举措是文化立国战略取得成功不可或缺的至关重要的因素。从某种意义上来说，这也是一个国家实现自身现代化目标的重要组成部分。为了彰显和平国家的形象，日本在二战后深入挖掘本国历史，将古代日本宪法中"以和为贵"的理念与战后制定的"和平宪法"相融合，将日本的"和"与"peace（和平）"紧密捆绑，不遗余力地广泛宣传，以展现其和平之美。在公元604年，日本制定的《十七条宪法》中所提及的"以和为贵、无忤为宗"，并非指以和平方式处理国家间关系，而是当时日本天皇为了推行中央集权，汲取了中国"礼之用，和为贵"的思想，辅之以"和而不同、同舟共济"等口号，使之成为一种具有浓厚东方特色的治国之道。一种"和而不同的政治哲学"所表达的是，一个民族应当尊重其独特的文化传统和自身的发展规律，而不是盲目地模仿其他民族的思想和行为。因此，作为一种治国之道，"和而不同、同则不继"，才能够让整个民族团结一心，共同致力于实现统一、富强、和谐。日本强调"和而不同"，实际上强调的是各部族必须遵守天皇的治理，不能违背中央权威，同时也不能违背天皇的意志。

在推广日本服务业时，"工匠精神"发挥了重要作用，将其具体体现为对技艺的不断追求和对产品质量的严格把控，从而极大地提升了日本产品的声誉。此外，日本还特别强调了对顾客的无微不至的关怀和照顾，这体现了他们对客户的尊重和关注。

就像商品品牌是企业核心竞争力的重要组成部分一样，国家品牌也是对国家竞争力产生至关重要的影响因素。在当今时代，国家品牌已成为国际社会关注的焦点之一，并受到越来越多国家的重视。随着全球化进程的不断加速，各国之间的竞争已经从单纯的产品层面转变为以文化软实力为核心的综合国力竞争，而文化软实力则主要体现在国家品牌的塑造上。国家品牌作为一种独特的无形资产，是一国国际影响力的象征，它可以反映出该国或某一区域的历史与传统文化特征。在国际舞台上，一个国家或地区的品牌不仅是其经济实力、政治地位和形象等方面的代表，更是其文化底蕴和精神气质的体现。一个国家要想在国际竞争中立于不败之地，必须拥有具有国际影响力的品牌。因此，如何塑造自身的国家品牌，已成为众多国家共同探讨的议题。在这一过程中，文化软实力发挥着极其重要的作用，它可以有效提升国家竞争力，进而促进一国乃至世界经济与社会发展。

自2005年起，日本开始实施国家品牌战略，成功实现了从"日本品牌"向"日本品牌化"的转型，这一转型的重要举措在于积极推广和维护日本传统文化的独特性，以确保其在市场竞争中保持领先地位。为了保护本国传统文化的完整性，日本积极争取联合国认定其非物质文化遗产，并采取了一系列综合措施，成功占领了解释本国传统文化的制高点，并对侵权行为进行了坚决的反击。在2013年年末，联合国教科文组织宣布将"和食"列为非物质文化遗产。为了确保日本饮食文化在海外的高品质输出，2016年，日本农林水产省启动了"海外日本餐厅支援计划"，通过对全球范围内的日本料理店和厨师进行资格认证和教育培训，成功掌握了定义正宗日本料理的合法权利，从而实现了对日本饮食文化的海外输出。

为了充分展现传统文化所蕴含的精神内核，必须借助具象的物质媒介，将其以一种独具匠心的方式呈现于世人眼前。在各种传播媒介中，书籍无疑是最具有代表性的。它不仅承载着历史信息，同时也是传承中华优秀传统文化的有效手段，如何以更加生动形象的方式将传统文化传递给受众，已成为当前急需解决的难题。在当今全球经济一体化的背景下，各国之间的文化交流日益频繁，许多卓越的传统文化遗产正面临着被遗忘或濒临消失的危机。因此，保护传统文化成为当下时代最迫切的任务之一。在这一背景下，众多国家纷纷展开了旨在维护和传承本土卓越传统文化的文化互动活动，以推动本土文化的传承和发展。在推广本国文化的过程中，日本文化厅主张创造引人入胜的情节和故事，以彰显其独特的文化魅力，而非单纯地输出产品。只有将卓越的民族文化融入日常生活的方方面面，方能更好地彰显其内在的价值与意义。同时，优秀传统文化遗产作为一种无形的资源，对增强国民自豪感、提高国民素质等方面都有积极作用。因此，在进行优秀传统文化遗产的保护与开发时，必须深入挖掘其所蕴含的精神内核，以确保其能够得到有效的传承和发扬，日本所塑造的精美传统手工艺品和丰富多彩的人文历史景观等，成为其理想的物质载体，而讲述那些承载着传统文化精髓的人的故事，则更能够唤起人们内心深处的情感共鸣。

　　传统文化的传承不应仅限于历史上的辉煌成就，而应深入挖掘其所蕴含的"活着的"、生动的内涵，以传承与当代生活息息相关的传统文化精髓，从而赢得受众对本国生活方式的认同。在这样的前提下，才能真正做到使传统文化"活起来"。日本在推广其传统文化的进程中，紧密融合当代日本的生活方式是至关重要的一环。借助现代化技术，他们将原本封闭的地域和民族转化为一个开放的整体，从而实现了全方位的文化交融和交流。日本文化的魅力不仅在于博物馆陈列的文物，更在于其涵盖了多个方面，包括日式生活空间和饮食习惯等，这些元素相互交织，共同构成了日本独特的文化吸引力。

第7章 软实力视域下中华优秀传统文化
国际传播的战略路径

7.1 坚定文化自信，融汇中华优秀传统文化
国际传播多元主体

7.1.1 必须以文化自信赋能多元传播主体传播中华优秀传统文化

五千多年文明发展中传承的中华优秀传统文化积淀着中华民族最深层次的精神追求，代表着中华民族屹立于世界民族之林的伟大精神。中华民族素有文化自信的气度，正是有了这份自信，才在漫长的历史长河中保持自我，使中华文化在五千多年的历史上没有出现断层。当今世界面临百年未有之大变局，我们的文化自信就是要在对民族文化正确认知的基础上，坚信中华文化延续至今的文化内涵和独特价值，是世界文化体系中不可或缺的重要组成部分，这也正是中华优秀传统文化国际传播的信心来源和成功的基石。

7.1.2 在坚定文化自信的基础上充分发挥官方主体国际传播的引领作用

中华优秀传统文化的国际传播离不开官方主体，官方主体主要包含政府、政党和国家领导人，他们在文化国际传播中具有表达国家意志和处理国际公共事务的职责，尤其是国家政治外交模式在中国传统文化国际传播中具有举足轻重的作用。国家官方主体在国际传播中要注重中华优秀传统文化的现代化

创新，要凝练中华传统文化体系的新概念、新表述，不仅从过去几千年的中华优秀传统文化中寻求话语自信，也要从新中国现代化伟大发展成就中归纳传统文化的作用，坚定话语自信。具体来讲，比如在国家外交活动中，政府应当注重"以立为本，立破并举"的方针，分析西方"中国威胁论"背后的国家利益与意识形态因素，破解某些西方国家抵触中华文化的困境，更好地运用中华优秀传统文化中的"和为贵""礼""交相利""信""内省"等思想构建策略，更多地强调关注人类命运、世界福祉的基本思路，来塑造国家形象，将中华文化的"和合"因子传播出去。政府必须积极在国际舞台上提出富有感召力和影响力的传统文化的新时代创造性思想，运用好国家修辞智慧提高文化的理性及说服力，以外交部、文化和旅游部等为代表，发挥文化外交、国际文化交流中的主导作用，引领中华文化的国际传播。

7.1.3 在坚定文化自信基础上发挥企业主体国际传播中的品牌效应

在当今全球化的背景下，企业在中华文化国际传播中发挥着日益重要的作用。企业可以通过产品、广告、赞助等方式，将中华文化传递给国外消费者和合作伙伴，特别是成功的企业品牌往往能够成为中华优秀传统文化的"名片"，例如，茅台酒在国际酒类大赛中获奖，成功传播了中国的酒文化，西湖龙井茶成功地传播了中国的茶文化，以及宏济堂和同仁堂等重要品牌在国际上成功传播了中医文化。在各类企业中，文化企业更是发挥着传统文化国际传播的中坚力量，许多文化企业以出口为导向生产、制作、销售物质或精神文化产品，具有重要代表性的有阿里影业和华纳兄弟影业制作了多部在海外有影响力的影片，网易云音乐推广了许多中国独特的音乐给国际听众，悦读传媒主要在海外推广中国的图书和文化内容，帮助外国读者更好地了解中国文化。我国企业应当更注重发挥文化的国际传播作用，坚定文化自信，努力创建更多中国品牌，传统中华文化正能量。

7.1.4 在坚定文化自信基础上充分发挥民间组织和个人国际传播作用

在中华优秀传统文化的国际传播中，民间组织和个人扮演着越来越重要的角色。民间组织主要包括智库、研究机构、文化协会等社会团体，个人主体主要包括艺术家、学者、博主、播客、留学生等在国外的华人和对中华文化有深入了解的外国人，他们都发挥着不可或缺的作用。比如学术机构和专家通常具有高度的专业性和学术权威，能为中华文化的对外传播提供翔实和深刻的分析。例如，对于古典文学、哲学、历史等复杂主题，学者能够提供更加系统和全面的解读，具体如哈佛大学的傅高义教授经过多年的研究，通过多本著作为西方读者提供了关于中国现代史的深入理解，季羡林凭借其语言能力和历史文化成就潜移默化地向世界展现中国智慧和魅力。我国的学术研究机构和智库在中华文化国际传播中既要坚持"走出去"更要注重"请进来"，利用自身优势对外积极开展活动，更要积极设立国际学术组织，举办高端前沿国际会议和文化交流活动，让国外的朋友来到中国，见证中国的发展奇迹和切身感受中华文化的魅力，达到良好的传播效果。

个人传播的内容通常更加真实，更具个性化，更容易引起受众的共鸣和亲近感，而且身为普通人也可以做到很好地传播中华文化，例如一名外国留学生分享其在中国的日常生活、饮食习惯和节日庆祝等，能够展现中华文化的真实面貌。但是，民间组织和个人在中华传统文化国际传播的过程中，存在个性化太重的问题，必须加以正确的引导，以文化自信为依托，使传播能够不受海外可能存在的对中华文化误解或敌对的组织和个人的影响，保障传播的政治正确。我们要重视培养民间普通民众的传播主体，实现中华文化国际传播的民间化，提高中华文化在外国普通民众中的话语接受度和话语效率。

7.2 坚持"内容为王"，挖掘和优化中华优秀传统文化国际传播内容

7.2.1 深入发掘具有共同价值和现代价值的内涵

中华优秀传统文化在国际传播中的内容在很多时候相对比较单一，形式也比较简单，缺少对优秀文化共同价值和现代价值的发掘和凝练，使其在国际传播中被认知得比较片面。很长一段时间，国外对中华文化的了解多集中于中国功夫、中国京剧、中国茶、中国服饰与美食等具体的显性文化内容上，而对历经五千多年形成的中华优秀传统文化的精神价值内涵没有太多认知，这一点尤其在西方国家中体现得更为明显。一味地长时间以文化表演或文化展览等显性的内容进行传播，终究会带来审美疲劳，也难以真正得到国际认同。所以中华优秀传统文化的国际传播要深入发掘具有共同价值和现代价值的内涵，对传播内容进行创新性转化，才能达到更好的传播效果。因为中华传统文化国际传播中共同性的价值内涵更能引起文化共鸣，更容易带来国际认同，现代价值内涵更能体现时代特色。

中华优秀传统文化中具有共同价值和现代价值的内涵有很多，这些内涵是文化之魂，也是国际传播的内核。具体来看主要有："天人合一"思想，主张天、地和人之间是相辅相成、相互统一的，强调天人协调共生共存，体现的思想特色，对当下人与自然生态和谐发展有一定的现实意义；"自强不息"精神，《易经》中的"天行健，君子以自强不息"激励着历代劳动人民拼搏进取，体现了中华民族吃苦耐劳的精神品质，在当今也能够激励世界上所有有进取心的自强自立的人们；"和谐与中庸"的智慧，"和合"强调"和而不同"与多元共存，"中庸"强调不偏不倚、过犹不及，遵循"己所不欲、勿施于人"的做人原则，这些智慧对现代解决世界范围内的矛盾与冲突具有非常积极的意义；"天下大同"的理想，强调人们都是平等的，无论种族、性别、贫富、身份，人人都应相互帮助、相互尊重，当今全球化背景下对鼓励世

界人们和平相处，合作共赢具有重要的指导意义。此外，还有诸如"修齐治平""仁、义、理、智、信"等修己的思想，以及中华优秀传统文化中倡导的仁爱理念、社会伦理、家庭观念等，既可以体现共同价值，又具有现代价值。我国应当对以上这些中华优秀传统文化的价值内涵进一步深入发掘，并且进行创造性转化，融入文化产品和文化活动中去，让具有共同价值和现代价值的文化在世界范围内流行起来，使世界人民了解这些价值，接受这些对人、对世界有益的思想。只有这样做，才能将中华优秀传统文化的外显性形式和内隐性内涵有机地结合起来，提升整体文化国际传播的层级，有利于提升软实力。

7.2.2 围绕中华优秀传统文化的精髓内容主动设置国际议题

中华优秀传统文化国际传播的内容非常丰富，由于太过丰富难免出现主题过散、不够聚焦的问题，在国际上的影响力和话语权不够。当前全球化背景下，谁最先进行了"议题设置"，谁就在话语权争夺中掌握了先机和国际舆论的导向。中华优秀传统文化的传播需要围绕精髓内容进行优化，加强议题设置能力、引领国际舆论的能力及应对特大突发事件的反应能力，进而带来更好的传播效果。首先选择具有国际影响力的议题：选择那些能引起国际关注和讨论的议题，如环保、公平贸易、人权、和平发展等，将这些议题与中华优秀传统文化相结合，如儒家的和谐理念、道家的自然观等。同时在议题设置中，更要注重将中华优秀传统文化与中国发展的现实逻辑与实际情况相结合，从被动解释转化为主动解读，转换思维方式与处理方法，依托更加详细的传播内容在国际上引起更加广泛的共鸣。此外，议题的设置除了立足当下，更要面向未来，利用传统文化的精髓内容解决未来难以克服的困难和问题，讲好中华文明智慧的成功经验，呈现中国特色和中国方案，转化传统文化优势，可以进一步提升文化话语权，达到增强软实力的效果。比如，我国可以针对全球气候变化主动设置议题，主动向世界解释、说明，并以实际数据和方案展示我国节能减排行动和具体的碳达峰目标，结合传统文化中天人合一的思想、道家人与自然共存古老智慧进行说理和讨论，传播中华优秀传统文化。

7.2.3 不断优化中华优秀传统文化国际传播的内容形式

在加强对中华传统文化本体论的认知，挖掘和梳理中华文化优秀传统的内涵和精髓的基础上，还需要不断优化中华优秀传统文化国际传播的内容形式。主要从以下几个方面进行优化：积极地进行传播内容故事化，将中华优秀传统文化的元素融入各种故事中，如历史故事、神话传说、现代小说等，使其更具吸引力和感染力；特别注重传播内容的实用化，将中华优秀传统文化的实用元素，如中医、茶艺、武术等，在国外以教程、体验课程等形式传播，让人们在实践中了解和接受中华传统文化；大力推进传播内容"国际认证化"，必须积极申报世界文化遗产，包括物质文化遗产和非物质文化遗产，让中华传统文化的内容具有"国际身份证"，提高传播内容的国际地位和可接受度。

7.3 坚持创新驱动，拓展中华优秀传统文化国际传播渠道

7.3.1 打造全媒体场域的优秀文化整合传播

随着信息技术的飞速发展，中华优秀传统文化国际传播面临着全媒体场域的机会和挑战，形成了传统主流媒体传播和大众社会化媒体传播两个典型场域的媒介融合渠道，需要通过创新达到整合传播的效果。"全媒体"传播指媒介信息传播采用文字、声音、影像、动画、网页等多种媒体表现手段（多媒体），利用广播、电视、电影、图书、报纸、杂志、网站等不同媒介形态（业务融合），通过融合广电网络、电信网络以及互联网络进行传播（三网融合），最终实现用户以电视、电脑、手机等多种终端均可完成信息的融合接收（三屏合一），实现任何人、任何时间、任何地点、以任何终端获得任何想要的信息，是在具备文字、图形、图像、动画、声音和视频等各种媒体表现手段基础之上进行不同媒介形态（纸媒、电视媒体、广播媒体、网络媒体、手机媒体等）之间的融合，产生质变后形成的一种新的传播形态。全媒体既能够保有

传统媒体的传播形式，又能提供新媒体的传播形式，对中华优秀传统文化展开多种层次的国际传播，带来多种多样的听觉和视觉的文化体验。

在前述背景下，中华优秀传统文化的传播形成了以国家主流价值和政府话语为主的主流媒体传播场域，比如中国国际电视台（CGTN）作为中央电视台的对外广播频道，CGTN以英语、法语、西班牙语、阿拉伯语、俄语播出，全天24小时播出各种新闻和文化节目，传播中国声音，展示中国形象，再比如《中国日报》（*China Daily*）作为英文报纸旨在向国际社会传播中国的新闻和文化，还有国际在线（CRI Online）作为中国国际广播电台的官方网站，以多种语言向全球推广中华文化。同时形成了以多样性社会信息需求为主的灵活的社交媒体场域，比如微信公众号发布关于中国传统文化的内容，传播给海外的华人和对中国文化感兴趣的有微信的外国友人，再比如抖音国际版（TikTok）作为一款全球广受欢迎的短视频应用软件，许多个人和组织利用这个平台来分享中华文化相关的内容，如烹饪、艺术、舞蹈、语言等，还有许多机构和个人会在YouTube上创建频道，分享包括中华文化在内的各种内容，如道教教程、中国象棋教程、中国历史的专题视频等，在全球最大的社交网站Facebook上有很多专门的页面和群组致力于分享和讨论中华传统文化，用户可以在这些平台上交流和学习，许多艺术家、摄影师和旅行者会在Instagram上分享中国传统文化的影像，如茶文化、书法艺术、古建筑等，一些个人和机构会在Twitter上分享和讨论关于中华文化的主题。这两个媒体场域在中华优秀传统文化传播中都存在一定的问题，必须通过创新推动两者的整合传播效果。

针对以文化国际传播的传统媒体为主的主流传播场域，目前的传播模式比较简单，多是以新闻报道、文化节目等形式进行，传播效果有限。因此，主流媒体可以创新更多样化的传播模式，比如在网上搭建跨文化交流平台，举办线上文化节庆活动，或者利用数字技术，如VR/AR、互动媒介等手段，将中华优秀传统文化以更直观、生动的方式展现出来。针对传统文化国际传播的社交媒体场域，也需要积极创新才能达到出色的传播效果，社交媒体上兴趣相同的用户分散在不同的社区和平台，缺乏有效的凝聚力，可以打造精准的内容，实施定向推送策略，吸引和汇聚更多有相同兴趣的用户，对社交媒体上的文化内容形式也要不断创新，如短视频、直播、互动游戏等，引入有趣、新颖的元素，提升用户的参与度。此外，在社交媒体上进行中华优秀传统文化的传播，有时鱼龙混杂，可能传播出违背中华优秀传统文化正确精神内涵的内容，所以要建立一定的预警机制，在影响力较大的国际社交媒体上进行反击和纠偏。

7.3.2 丰富各类文化载体拓展多元化国际传播渠道

首先，中华优秀传统文化国际传播要利用好经济渠道，坚持在产品和服务中创新创造精品，以精品为载体提升文化影响力。国际传播的经济渠道主要以文化产业发展为基础，以经济商品或服务为依托，将文化注入这些产品和服务当中，可以是文化产品，也可以是普通商品，比如美国就用肯德基这样一种快餐传递美国的快餐文化。将文化价值附着到具体的商品上和已经成为文化国际传播的一种重要形式，我们要善于创新创造，多出精品，树立中国品牌意识，通过这些产品和品牌传递中华优秀传统文化，还可以将中国制造的产品说明书改成含有中华优秀传统文化元素的出版物，在中国制造的产品中加入蕴含中华优秀传统文化的价值理念和审美情趣等。

其次，中华文化的国际传播可以利用好国际旅游传播渠道，旅游传播作为一种人际传播渠道，主要是指在旅游活动中旅游者与旅游目的地、旅游从业人员、当地居民及其他旅游者之间的信息传递活动。要为国际游客创新设计旅游路线，为游客设计专门的文化旅游路线，包括著名的历史遗迹、古老的建筑、传统艺术表演、民俗活动等。这样的路线可以让游客近距离地接触中华优秀传统文化，并了解其背后的历史和意义；也要举办国际文化体验活动，为国际旅游者提供参与传统文化体验活动的机会，例如建立中国绘画、剪纸、烹饪、茶艺等工作坊。这样的活动可以让游客亲身参与，深入体验中华传统文化的独特魅力。要为外国游客创新设计文化表演和演出，举办精彩的传统文化表演和演出，比如深受日韩游客喜欢的大唐千古情、湘西千古情等演出活动，这些演出可以吸引国际旅游者的兴趣，并让他们更深入地了解中华优秀传统文化的精髓。为了更好地向国际旅游者传播中华传统文化，提供多语言导览和解说服务非常重要。这样可以让游客更好地理解展品、景点的历史和文化背景，增加他们对中华优秀传统文化的兴趣和了解。

再次，积极做好针对语言教育载体和文化交流平台的创新型国际传播。美国、法国、日本和韩国都非常重视自己语言和文化的国际推广工作。语言本身就是文化的载体，语言教育更是文化国际传播的重要载体，汉语的国际化教育和国际化使用有利于增强文化软实力。我国可以通过设立更多的孔子学院，开展汉语教学和文化交流活动，吸引更多的学生来学习汉语和了解中华文化。通过与国外学校合作办学，联合推广，在国外学校和大学中开设汉语课程，为学生提供学习汉语和了解中华优秀传统文化的机会。同时，通过多样化的教学内容和方法，激发学生对中华文化的兴趣和热爱，推动中华文化和其他文化之间的交流，例如学生交流计划和教师交流计划，通过互访和交流，为其提供更深入地了解和体验中华文化的机会。我国还要积极打造更多的文化交流平台进行中华优秀传统文化传播，要做好海外文化中心的建设，充当传播国与受众国民众之间的窗口和桥梁，使外国民众可以直接通过文化中心了解中国的经济、政治、历史、文化、社会、民俗等各方面信息。创新国际文化交流项目，建立与其他国家和文化机构的合作项目，例如艺术家驻地计划、学术合作和文化产业合作。通过这些合作项目，可以促进中华传统文化与其他文化之间的交流。同时，我国要做大做强海外文化中介机构，文化交流中介在中华优秀传统文化国际传播中的作用必不可少，鼓励和培育对外文化中介是对外文化传播的重要环节，我们应该在政策和财政上出台措施，大力发展、扶持各类对外文化中介机构。

综上所述，中华优秀传统文化在国际传播中一定要勇于创新，拓展多元传播载体，构建多层传播渠道，通过产品和服务的精品化和品牌化、积极发展国际旅游、汉语教育和文化交流，全方位立体化地展示中华优秀传统文化的魅力，实现更好的传播效果。

7.4 坚持精准定位的中华优秀传统文化受众分层国际传播

7.4.1 借力外交，对政府受众层面进行中华优秀传统文化传播

在中华优秀传统文化国际传播过程中，政府层面的受众主要指来自不同国家或地区的政府高官、外交官、决策者等。他们不论在本国政治还是国际政治舞台上都具有重要地位和权力。对于中国优秀传统文化的传播来说，与外国政府层的沟通合作是重要的一环，以促进双方之间的理解和合作。针对这一情况，可以派遣专业的外交官、文化交流官等向国外政府层介绍中华文化，加强彼此之间的了解和合作。外交部、文化部等相关部门在此方面发挥着重要作用。还可以积极与国外政府开展合作项目，如合作治理污染的项目，通过项目，可以深入了解对方的文化需求，同时向他们展示中华文化的魅力和特色。此外，还可以在全球领域设置文化类重大议题，以问题讨论的方式吸引他国政府积极参与，通过讨论可以使外国政府和官员更多地了解中华优秀传统文化，不管是主动了解还是被动了解，都会带来中华优秀传统文化传播的效果。

7.4.2 以精英思维对精英受众进行中华优秀传统文化传播

在中华优秀传统文化国际传播过程中，精英受众主要是指包括学者、专家、商界人士、艺术家在内的知名社会人士等。他们通常在自己国家的技术、商业、文化等领域具有一定的影响力和专业知识。与精英受众的交流与合作可以促进思想交流、学术合作、商业合作等，从而进一步推动中国文化的传播。精英层受众在接受外国传入的文化时有思辨能力和深度剖析能力，并且可以对信息进行过滤和转嫁。对这类精英受众，应当多采用问题导向型传播方式吸引他们的注意，鼓励他们参与分析中华优秀传统文化。国外精英受众通常对准确的信息和有深度的内容感兴趣，高质量的文化译著、高质量的文化活动都对精英受众起到了更好的传播效果。精英受众往往具有更高的独立思考能力，具

有更强的个性，在对其传播中华优秀传统文化时更应当注重准确性和关键信息提炼。

7.4.3 流行特色迎合社会普通大众受众进行优秀文化传播

在中华优秀传统文化的国际传播过程中，普通大众受众是指一般的公众群体，包括学生、普通职工、文化爱好者等。他们是中国文化对外传播中最广泛的受众群体，通过各种媒体渠道、文化活动等方式接触和了解中国文化。与普通大众受众的互动可以帮助传达中国文化的魅力和核心价值，增进国家间的人民友谊。但是，普通大众往往呈现出低涉入、高感知的特点，他们对中华文化的深层问题会思考较少，更多的是感知中华文化的具体表现形式。因此，具有流行特色的音乐元素、微电影、短视频等能够对普通大众受众产生更大的影响，并且会积极地进行简单的反馈，比如点赞或者评价等。

针对普通大众低涉入、高感知的特点，在中华优秀传统文化国际传播中，针对普通大众，传播内容应使用简单明了、易于理解的语言，而避免使用过于专业化的术语和复杂的句子结构，以确保信息能够被广大受众轻松理解和接受。要更多地利用大众化媒体，如电视、广播、报纸和社交媒体，这些是普通大众接收信息的重要渠道。通过这些渠道传播有趣，同时，可以生动的内容，吸引大众的注意力和兴趣，同时可以更多地引入娱乐元素。这些娱乐元素能够吸引普通大众的兴趣，使他们更容易接触和理解中国文化。更多采用故事性的传播方式，通过讲述生动有趣的故事，将中国文化传播给普通大众。故事具有吸引力，极易引发情感共鸣，能够更好地吸引大众的兴趣。普通大众更看重实用性，在传播中华优秀传统文化时，应强调并实际体现出其对普通大众的实用价值。例如，介绍中国的传统医学、养生方法、美食等，让普通大众感受到中国文化的应用。还要通过具有较强互动性和参与性的传播形式，如举办文化交流活动、开展线上线下互动等，多利用社交媒体，让普通大众积极地参与其中，增加他们与中国文化的接触和体验。

7.5 坚持用好 "一带一路" 平台，推进优秀传统文化国际传播

7.5.1 激活民间资源，促进中华优秀传统文化国际传播

"一带一路"倡议是中国提出的一个伟大构想，旨在促进国家之间的合作与发展。它的重大意义在于提供了一个全球合作的平台，通过建设互利共赢的经济伙伴关系，改善基础设施建设，促进贸易与投资，推动区域间的互联互通。这个平台上，我们要激活各类民间资源，推进中华优秀传统文化的国际传播。一是积极开展"企业走进一带一路"沟通专题，通过建立跨国企业交流机制，推动"一带一路"共建国家跨国企业的对外宣传与定期交流，同时我国企业要在参与"一带一路"建设中，通过行动示范展现中华优秀传统文化，比如工作礼仪、技术规范中蕴含的中华优秀传统文化。由于"一带一路"共建国家大多经济发展水平较低，技术培训落后，中资企业在企业经营中也要肩负为"一带一路"共建国家培养熟练的技术工人和劳动技术型人才的任务，有利于改善中国的国家形象并争取普通老百姓的民心，可以更好地通过干中传、学中传、答中传等形式进行中华优秀传统文化传播。二是智库沟通宣传，通过整合国内外的研究力量，创办世界中国学论坛，举办一些高层次、全方位、开放性的学术论坛，发挥我国智库与当地政府智库和民间智库的积极交流作用。三是打造"丝路文化"的人文、旅游推广项目，利用媒体讲述和传播古代、现代的丝路故事并以丝路电影、歌曲及漫画等一系列形式展示"丝路文化"的共性和人文特征。针对不同的受众，打造我国的精品文化旅游项目，吸引"一带一路"共建国家和地区的人们来华旅游，同时促进我国旅游爱好者组团赴"一带一路"共建国家旅游，从而更好地双向互动，传播中华优秀传统文化。

7.5.2 重视小语种翻译，促进中华优秀传统文化国际传播

我国对英语教学投入了大量精力，然而对亚太地区的小语种却未能充分重视。基于此，一方面应多在高校课程设置中注入小语种元素，加强亚洲小语种专业人才的培养，为未来亚太区域交流、合作与宣传工作的顺利开展奠定基础，必要时从小语种母语国引进语言教师，通过语言教学开展"一带一路"的公共外交，在具体教学和学习中加强中华优秀文化的传播。另一方面，受制于小语种人才的限制，中华优秀传统文化的对外译著更多的是以国际通用语言为主，比如英语、法语和西班牙语等。考虑到"一带一路"共建国家有约四十四亿人口，涉及的使用语言数量非常之大，应当加强对外出版合作，做好多语种的翻译和推广，助推中华优秀传统文化在"一带一路"共建国家传播。

7.5.3 加大政策扶持力度，促进中华优秀传统文化国际传播

扩大各类"文化基金"的规模和数量，探索以财政注资撬动国内外社会资金的发展模式，推动重大品牌文化活动的扶持力度，扶持体现中华优秀传统文化的文艺作品到"一带一路"共建国家的博物馆、美术馆以及文化节等进行展示展览。文化作为销售精神产品的特殊产业，政府应该积极地扶持一些重要文化机构和产业，特别是开展对外文化交流的机构和团体。目前虽然也有一定的资金扶持，但由于文化的盘子太大，包括了体育、新闻、出版、信息产业等多个方面，而传统文化的各个侧重点还不是很突出，因此，应当加大针对"一带一路"共建国家的中华传统文化交流资金投入。此外，青年是肩负未来的一代，在对外文化艺术交流中，需要重视对本土艺术家尤其是青年艺术家的政策扶持。鼓励青年人积极吸取传统文化的积淀，结合现代艺术形式，进行脚踏实地的艺术创作和表演，在国际文化交流中展示中国的文化，让中国故事更具当代性和现代性。青年艺术家的培养，不仅要给予政策的扶持还要给予资金支持，如支持他们在"一带一路"共建国家进行巡演和艺术交流。通过展览、宣传交流、培育孵化等，促进我国青年艺术家与"一带一路"共建国家的青年艺术家的互动，利用年轻人的热情促进中华传统文化的国际传播。

参考文献

［1］王沪宁. 作为国家实力的文化：软权力［J］. 复旦大学学报（社会科学版），1993（3）：91-96.

［2］胡键. 软实力研究在中国：一个概念演进史的考察［J］. 国际观察，2018（6）：16.

［3］阎学通，徐进. "中美软实力比较"［J］. 现代国际关系，2008（1）：24-29.

［4］钟新，黄超. 软实力的三种评估框架及其方法［J］. 湖南师范大学社会科学学报，2013（3）：93-100.

［5］史安斌，朱泓宇. 构建全球软实力评估体系：现状分析与未来展望［J］. 青年记者，2022（9）：89-93.

［6］陶建杰，尹子伊. 中国文化软实力的实证评估与模拟预测［J］. 未来传播，2021（8）：14-23.

［7］钟馨. 中国对外传播受众观的转变，新闻前哨［J］. 2010（3）：58-60.

［8］喻国明. 解读当前中国传媒发展的关键词［J］. 新闻与写作，2006（9）：3-6.

［9］史安斌. 对外传播及国际传播教育的新思路［J］. 新闻战线，2012（9）：70-71.

［10］程曼丽. 国际形象危机中的传播测策略分析，国际新闻界［J］. 2006（3）：5-9.

［11］刘燕男，史利，等. 国际传播的受众研究［M］. 北京：中国传媒大学出版社，2011.

［12］王鑫，黄皓宇. 中国传统文化符号跨文化叙事研究——基于杜甫在英文

世界传播的考察［J］.新闻与传播评论，2021，74（05）：121-128.

［13］辛文.《道德经》视域下的"人类命运共同体"思想［J］.中国出版，2019（15）：11-14.

［14］冯国军.我国文学古籍资源数字化开发现状及启示［J］.出版广角，2021（05）：39-41.

［15］张长念，刘世海.太极拳：中国文化的道家哲学［J］.南京体育学院学报，2018，1（08）：73-80，2.

［16］汪如锋，白广昌.中国武术国际传播中的武术文化传承与传播思考［J］.体育科技文献通报，2007（10）：57-59.

［17］董伟.中国武术国际化发展的问题研究［J］.南京体育学院学报（自然科学版），2010，9（02）：137-139.

［18］郭玉成，刘韬光.文化强国视域下武术国际传播方略［J］.成都体育学院学报，2012，38（04）：7-11，21.

［19］冯慧.少林武术国际传播路径探析［J］.体育文化导刊，2016（06）：58-60.

［20］谢程程.着力提升儒学文化的国际影响力［J］.人民论坛，2019（22）：134-135.

［21］徐红梅.文化间性视域下中国传统文化对外传播话语的国际表达——以中国盐文化为例［J］.昌吉学院学报，2019（02）：18-21.

［22］汤光鸿.论"和"文化的发展与国际传播［J］.南京政治学院学报，2007（02）：70-73.

［23］孙宝瑞.白酒包装文化的国际传播研究［J］.西部皮革，2020，42（18）：111-112.

［24］范晓玲.汉语国际推广中亚基地发展及对策研究［J］.新疆大学学报（哲学人文社会科学版），2009，37（02）：132-134.

［25］马东顺，张丽梅.健身气功基于孔子学院模式的国际传播研究［J］.运动

［26］李宝贵.新时代孔子学院转型发展路径探析［J］.云南师范大学学报（哲学社会科学版），2018，50（05）：27-35.

［27］刘晶晶，吴应辉.孔子学院与其他国际语言传播机构办学状况比较研究（2015—2017年）［J］.民族教育研究，2020，31（06）：126-134.

［28］石雨，金光亮，唐民科.打造特色孔子学院推动中医国际传播——兵库中医药孔院建设与思考［J］.医学教育研究与实践，2021，29（01）：4-9.

［29］吴建生.地方台探索对外传播的实践和思考——以泉州广播电视台为例［J］.当代电视，2013（10）：50-51.

［30］刘丽，李舟.新媒体视域下国际文化贸易中的传播壁垒［J］.新闻战线，2015（10）：16-17.

［31］杨会.主旋律纪录片国家形象的国际化传播探究［J］.电影评介，2018（17）：98-101.

［32］陈波，张雷.基于节庆文化类节目提升国际传播能力探析［J］.电视研究，2018（11）：18-20.

［33］田文.致敬经典　推动中华文化海外传播——以首届"致经典"国际诵读会（加拿大）为例［J］.对外传播，2019（12）：30-32.

［34］陈悦，陈超美，刘则渊，等.CiteSpace知识图谱的方法论功能［J］.科学学研究，2015（2）：242-253.

［35］刘军.刍议武术文化的国际传播［J］.北京体育大学学报，2004（01）：31-32.

［36］郭玉成.武术传播的文化自觉：从走出传统到发现传统［J］.中国体育科技，2007，（01）：25-28.

［37］孙喜莲，余晓惠，梅林琦等.太极拳的国际传播与中国软实力的提升［J］.武汉体育学院学报，2008（06）：72-75.

［38］汲智勇.武术动漫：武术文化国际传播的新路径［J］.南京体育学院学报（社会科学版），2010，24（06）：76-79.

［39］隰斌贤."一带一路"背景下文化传播与交流合作战略及其对策［J］.浙江学刊，2016（02）：214-219.

［40］李玟姬."一带一路"战略背景下中医药文化国际传播的机遇、挑战与对策［J］.学术论坛，2016，39（04）：130-133，180.

［41］方彩琴."一带一路"背景下中国茶文化的国际传播［J］.福建茶叶，

2015, 37（04）：49-52.

［42］周芸. 从国际形象视角看孔子学院在美国语言传播的发展［J］. 云南行政学院学报，2012，14（06）：161-163.

［43］崔希亮. 汉语国际教育"三教"问题的核心与基础［J］. 世界汉语教学，2010，24（01）：73-81.

［44］许琳. 汉语国际推广的形势和任务［J］. 世界汉语教学，2007（02）：106-110.

［45］吴瑛. 对孔子学院中国文化传播战略的反思［J］. 学术论坛，2009，32（07）：141-145.

［46］王莹. 文化自信与中华优秀传统文化的对外传播［J］. 广东社会科学，2017（05）：75-81.

［47］朱瑞平，张春燕. 汉语国际教育背景下文化传播内容选择的原则［J］. 云南师范大学学报（哲学社会科学版），2016，48（01）：47-53.

［48］郭玉成，刘韬光. 文化强国视域下武术国际传播方略［J］. 成都体育学院学报，2012，38（04）：7-11+21.

［49］王艳红，秦宗财. 文化带传统文旅品牌的形象塑造与国际传播［J］. 安徽师范大学学报（人文社会科学版），2020，48（02）：107-114.

［50］刘晓丽，孙爱芹. 从中国传统文化的弘扬看中国文化软实力的提升［J］. 当代世界与社会主义，2012（03）：27-30.

［51］赵跃. 本土化与全球化的交融—中国传统文化走出去问题探析［J］. 理论学刊，2014（02）：124-127.

［52］孙绍勇，陈锡喜. 反思、转换、优化：传统文化对中国梦国际传播的话语调适［J］. 求索，2017（05）：196-201.

［53］王光宇. 文化传播视阈下讲好中国故事的路径探析［J］. 人民论坛·学术前沿，2019（07）：84-87.

［54］高长武. 中国优秀传统文化的价值定位［N］. 光明日报，2016-09-05.

［55］郭庆光. 传播学教程［M］. 北京：中国人民大学出版社，1999：237.

［56］郭可. 国际传播学导论［M］. 上海：复旦大学出版社，2004：6.

［57］舒新城. 辞海［M］. 上海：上海辞书出版社，1999：4165.

［58］程曼丽．国际传播学教程［M］．北京：北京大学出版社，2006：142.

［59］王莹．文化自信与中华优秀传统文化的对外传播［J］．广东社会科学，2017（05）：75-81.

［60］谢伦灿，杨勇．"一带一路"背景下中国文化走出去对策研究［J］．现代传播（中国传媒大学学报），2017，39（12）：110-114.

［61］孟涛，唐芒果．文化符号与责任担当：中华武术国际传播的话语分析［J］．上海体育学院学报，2014，38（03）：52-57.

［62］王名．走向公民社会——我国社会组织发展的历史及趋势［J］．吉林大学社会科学学报，2009，49（03）：5-12+159.

［63］张宗明．中医药文化是中华文化"走出去"的先锋［J］．南京中医药大学学报（社会科学版），2020，21（02）：71-77.

［64］王艳红，秦宗财．文化带传统文旅品牌的形象塑造与国际传播［J］．安徽师范大学学报（人文社会科学版），2020，48（02）：107-114.

［65］刘晓丽，孙爱芹．从中国传统文化的弘扬看中国文化软实力的提升［J］．当代世界与社会主义，2012（03）：27-30.

［66］黄海．文化自信的生成谱系、现实挑战与实践方略［J］．思想理论教育导刊，2020（01）：85-90.

［67］马春燕．中国传统文化在汉语国际教育中传播的新途径［J］．浙江理工大学学报（社会科学版），2017，38（05）：465-470.

［68］［美］罗伯特·福特纳．国际传播：全球都市的历史、冲突及控制［M］．刘利群，译，北京：华夏出版社，2000：05.

［69］吴莉．文化多元视域下少数民族文化对外交流研究［J］．贵州民族研究，2016，37（11）：74-77.

［70］鲁佑文，刘思含，聂明辉．"人类命运共同体"背景下中国主流媒体定位与机遇［J］．新闻爱好者，2020（03）：19-23.

［71］孙利军，高金萍．人类命运共同体全球传播范式与实践取径［J］．湖南大学学报（社会科学版），2023，37（04）：154-160.

［72］陈敏直．新技术融合情境中的媒介垄断与异化［J］．当代传播，2012（03）：26-28.

［73］毛泽东.毛泽东选集：第一卷［M］.北京：人民出版社，1991：282.

［74］徐望.提高我国文化产品国际市场占有率和影响力的策略研究［J］.对外经贸，2021（07）：21-25.

［75］刘志刚.孔子学院多元化传播格局及其典型案例研究［J］.云南师范大学学报（对外汉语教学与研究版），2022，20（01）：15-21.

［76］范强，张云.美国芝加哥大学孔子学院关闭事件探究［J］.国际政治研究，2016，37（06）：108-126，7-8.

［77］陈财琳."现代性"视域下的李子柒文化短视频研究［J］.新纪实，2021（31）：90-92.

［78］徐丹，范婧仪，宋伟."汉语桥"抖音号的传播特色研究［J］.传媒，2023（04）：69-70，72.

［79］乔新生."舌尖上的中国"为何变成"故事里的中国"［J］.青年记者，2018（09）：111.

［80］汤天甜，王梦笛.基于全媒体整合传播下的中国文化软外交与国家形象构建——以中央电视台美食纪录片《舌尖上的中国2》为例［J］.出版广角，2015（04）：82-85.

［81］高伟光.中华传统文化在东南亚的传承与变异［J］.江西社会科学，2005（04）：149-152.

［82］张禹东.东南亚华人传统宗教的构成、特性与发展趋势［J］.世界宗教研究，2005（01）：98-108.

［83］庄国土.东南亚华侨华人数量的新估算［J］.厦门大学学报，2009（03）.

［84］许梅.东南亚华人在中国软实力提升中的推动作用与制约因素［J］.东南亚研究，2010（06）：58-65.

［85］方长平，侯捷.华侨华人与中国在东南亚的软实力建设［J］.东南亚研究，2017（02）：136-152，158.

［86］高炳亮.东南亚华侨华人与中华文化传播：历史、现状与目标［J］.理论与评论，2022（02）：76-85.

［87］蒋姗姗.近代东南亚华侨华人对传统民俗文化的继承［J］.天府新论，

2006（01）：234-235.

［88］李永强，马慧玥. 东南亚华人自治与中国传统法律文化的域外影响［J］. 暨南学报（哲学社会科学版），2008（01）：56-61.

［89］朱锦程. 21世纪东南亚海上丝绸之路文化传播与海外华人文化认同研究 ［J］. 福建论坛（人文社会科学版），2017（08）：179-185.

［90］方长平，侯捷. 华侨华人与中国在东南亚的软实力建设［J］. 东南亚研 究，2017（02）：136-152，158.

［91］王勤，赵雪霏. 论中国—东盟自贸区与共建"一带一路"［J］. 厦门大 学学报（哲学社会科学版），2020（05）：99-106.

［92］刘永超. "一带一路"与中国—东盟自贸区贸易研究［J］. 商场现代 化，2019（14）：71-72.

［93］贾益民，张禹东，庄国土，陈文寿，游国龙. 华侨华人研究报告 （2017）［M］. 北京：社会科学文献出版社，2017：57-89.

［94］刘宏，张恒军，唐润华，大连外国语大学中华文化海外传播研究中心. 中华文化海外传播研究（2019年·第一辑）［M］. 北京：社会科学文 献出版社. 2020：237-252.

［95］王金波. "一带一路"建设与东盟地区的自由贸易区安排［M］. 北京： 社会科学文献出版社. 2015：12-30.

［96］肖琬君，冼国明. RCEP发展历程：各方利益博弈与中国的战略选择 ［J］. 国际经济合作，2020（02）：12-25.

［97］沈铭辉，郭明英. 大变局下的《区域全面经济伙伴关系协定》：特征、 影响与机遇［J］. 当代世界，2021（01）：44-51.

［98］黄会林，李雅琪，马琛等. 中国电影在周边国家的传播现状与文化形象 构建——2016年度中国电影国际传播调研报告［J］. 现代传播（中国传 媒大学学报），2017，39（01）：19-29.

［99］高炳亮. 东南亚华侨华人与中华文化传播：历史、现状与目标［J］. 理 论与评论，2022（02）：76-85.

［100］胡朝凯. "一带一路"倡议下中国电影东南亚传播现状与策略分析［J］. 传播力研究，2019，3（21）：61，63.

［101］吴琼. "5W" 模式下我国网络文学的周边传播特征研究——以东南亚地区为例［J］. 传播力研究, 2018, 2 (19): 39.

［102］罗幸, 罗奕. 中国影视剧和综艺节目东南亚传播研究——基于2021年的受众调查［J］. 传媒, 2022 (12): 40-43.

［103］翟舒亮. 以青年受众为主的影视作品海外传播情况探析［J］. 商业文化, 2022 (17): 123-124.

［104］张昆, 张明新, 陈薇. 中国国家形象传播报告 (2020～2021)［M］. 北京: 社会科学文献出版社, 2021: 49-63.

［105］普丽春. 桥头堡建设中云南跨境民族的文化交往与安全［J］. 云南民族大学学报 (哲学社会科学版), 2013, 30 (02): 12-16.

［106］马金. "一带一路" 背景下云南面向南亚东南亚开展文化传播分析［J］. 农村经济与科技, 2018, 29 (13): 289-290.

［107］刘健, 郭丽梅, 方汉. 面向东南亚的国际传播思考——以云南日报报业集团为例［J］. 传媒, 2019 (07): 40-41.

［108］周群. 对周边国家外宣的路径优化思考——以广西、云南对东南亚的传播实践为例［J］. 新闻潮, 2020 (03): 4-7.

［109］向勇, 李凤亮, 花建, 李尽沙, 于悠悠. "一带一路" 文化产业合作发展报告 (2019)［M］. 北京: 社会科学文献出版社, 2020: 1-30.

［110］时遂营, 刘纯怡. "云南故事" 对外传播策略研究［J］. 名作欣赏, 2019 (02): 37-38.

［112］蔡明宏. 中国福建民间信仰在东南亚的传播力研究——基于 "一带一路" 视角［J］. 中央民族大学学报 (哲学社会科学版), 2019, 46 (01): 158-167.

［113］邵琦. 地方主流媒体提升国际传播能力的策略研究——以厦门广电集团东南亚新闻实践为例［J］. 东南传播, 2019 (11): 64-66.

［114］凌晨. 从跨文化传播角度浅析《中国剧场》系列栏目在东南亚的传播策略［J］. 中国广播, 2018 (01): 23-26.

［115］周群. 对周边国家外宣的路径优化思考——以广西、云南对东南亚的传播实践为例［J］. 新闻潮, 2020 (03): 4-7.

［116］王辉，郑崧.人类命运共同体视域下非洲中文传播的实践进路［J］.西亚非洲，2022（05）：86-108，158-159.

［117］保建云."一带一路"与中非命运共同体［J］.人民论坛，2018（26）：44-46.

［118］曹亚雄，孟颖."一带一路"倡议与中非命运共同体建构［J］.陕西师范大学学报（哲学社会科学版），2019，48（03）：55-64.

［119］马博，朱丹炜.国家身份变迁：新中国援非政策与"中非命运共同体"构建［J］.亚太安全与海洋研究，2019（04）：96-112+4.

［120］徐丽华.论非洲本土汉语教师培养模式［J］.汉语应用语言学研究，2014（00）：176-184.

［121］徐丽华.非洲孔子学院：检视、问题与对策［J］.浙江师范大学学报（社会科学版），2012，37（06）：52-56.

［122］徐丽华，郑崧.非洲汉语推广的现状、问题及应对策略［J］.西亚非洲，2011（03）：42-46，80.

［123］吴传华.关于中国对非洲文化传播战略布局的思考［J］.对外传播，2017（11）：44-46，1.

［124］孙芊芊，朱天博.互联网时代汉语国际文化传播刍议［J］.牡丹江师范学院学报（哲学社会科学版），2013（01）：81-82.

［125］谭慧，何媛.中国与东南亚国家的电影交流——"一带一路"倡议背景下的观察与思考［J］.电影评介，2018（07）：1-6.

［126］梁鑫，章素珍.外国文化产业资产管理模式的经验借鉴及改革启示［J］.经济体制改革，2019（04）：174-179.

［127］欧阳康，钟林.美国如何宣传自己的价值观［N］.北京日报，2014-10-13.

［128］赵轩.全球化时代美国文化输出战略研究［D］.长春：吉林大学，2014.

［129］王晓德.美国大众文化的全球扩张及其实质［J］.世界经济与政治，2004（4）：27-31.

［130］王明利，戚天骄.法语联盟文化传播策略研究［J］.法国研究，2012（01）：79-85.

155

［131］邓文君，李凤亮. 数字时代法国对外文化传播策略研究［J］. 天津师范大学学报（社会科学版），2015（03）：43-47.

［132］高昀. 浅谈广播媒体在"融媒体"时代的创新思路［J］. 新闻研究导刊，2017（3）：295.

［133］孟璐. 从"动漫外交"看日本动漫文化在中国的传播与渗透［J］. 新闻论坛，2019（03）：90-94.

［134］邓德花. 日本传统文化对外传播的经验探寻及启示［J］. 中国广播，2021（01）：77-80.

［135］Walker Christopher and Ludwig Jessica，"The Meaning of Sharp Power：How Authoritarian States Project Influence，" Foreign Affairs，2017，https：//www. foreignaffairs. com/articles/china/2017-11-16/meaning sharp-power.

［136］Joseph Nye，Jr. Soft Power：The Means to Success in World Politics. New York：Public Affairs，2004.

［137］Manuel Castells，Communication Power. New York：Oxford University Press，2009.

［138］S. Elizabeth Bird，Are We All Produsers Now？，Cultural Studies，2011，Vol. 25，p502-516.

［139］Vincent Manzerolle，Media Convergence：The Three Degrees of Network，Mass and Interpersonal Communication，Information，Communication and Society，2013，16：1，p148-149.

［140］Michael Serazio，The New Media Designs of Political Consultants：Campaign Production in a Fragmented Era，Journal of Communication，2014，Vol. 64，p743-763.